Carl Johan Peter Petersen

A Norwegian-Danish Grammar and Reader

with a vocabular - designed for American students of the Norwegian-Danish

language

Carl Johan Peter Petersen

A Norwegian-Danish Grammar and Reader

with a vocabular - designed for American students of the Norwegian-Danish language

ISBN/EAN: 9783337735272

Printed in Europe, USA, Canada, Australia, Japan

Cover: Foto ©Paul-Georg Meister /pixelio.de

More available books at **www.hansebooks.com**

A

NORWEGIAN-DANISH

Grammar and Reader,

WITH A

VOCABULARY;

DESIGNED

FOR AMERICAN STUDENTS OF THE NORWEGIAN-DANISH LANGUAGE.

By REV. C. J. P. PETERSON,

Norwegian Lutheran Pastor in Chicago, Professor of Scandinavian Literature,
and Member of the Chicago Academy of Sciences.

CHICAGO:
S. C. GRIGGS AND COMPANY.
1872.

Entered according to Act of Congress, in the year 1872, by

SAMUEL C. GRIGGS,

in the Office of the Librarian of Congress at Washington.

To

HIS EXCELLENCY, WILLIAM H. SEWARD,

Ex-Governor and late Secretary of State of United States.

THANKING YOU FOR YOUR KIND EXPRESSIONS IN REGARD TO MY NATIVE COUNTRY. AND RECOGNIZING YOUR EMINENT SERVICES AS A STATESMAN, AS WELL AS YOUR PATRONAGE OF LITERATURE AND INTIMATE KNOWLEDGE OF FOREIGN COUNTRIES, I HEREBY, WITH YOUR PERMISSION, DEDICATE TO YOU THIS MY WORK, AND REMAIN, WITH RESPECTFUL CONSIDERATION, YOUR OBEDIENT SERVANT,

C. J. P. PETERSON.

PREFACE.

Foreign languages and their literatures are becoming, more and more, objects of study among the American people. This is a natural consequence of the travels of Americans in Europe and of the constantly increasing intercourse between them and the many foreign immigrants coming to this country.

Among these, there are about 160,000 Norwegians and 40,000 Danes, and the knowledge of their language may be of practical as well as literary value to many Americans.

With the purpose of assisting them in acquiring this knowledge, I have written this Grammar and Reader with a Vocabulary, and added thereto Remarks on the history of the language and Notes on the authors from whom selections have been made. The Grammar pre-supposes, that its students know the various grammatical definitions, and it presents to them, not a General Grammar of what is *common* to the languages, but a Special Grammar of what is peculiar to the Norwegian-Danish language. By the help of this book the students will find their way into the literary treasures of those two nations, which, although not great in numbers, have a great literature, and have, from the times of the Sagas and the Scalds, produced men who have made their mark in the history of the world, and have presented to it works of lasting value.

The Norwegians and Danes belong to the great Teutonic race; but as their history in ancient times was interwoven with that of the Anglo-Saxons and the Normans, so their language is in many respects similar to the English, of which, also, this Grammar and Reader will give evidence.

TABLE OF CONTENTS.

I. GRAMMAR, - - - - - - 11

    ORTHOGRAPHY, - - - - - 11
    ETYMOLOGY, - - - - - - 13
    Articles, - - - - - - 13
    Nouns, - - - - - - - 13
    Adjectives. - - - - - - 17
    Numerals, - - - - - - 21
    Pronouns, - - - - - - 22
    Verbs, - - - - - - - 25
    Adverbs, - - - - - - 36
    Prepositions, - - - - - - 36
    Conjunctions, - - - - - 37
    Interjections, - - - - - - 37
    SYNTAX, - - - - - - 38
    Remarks on Spelling, - - - 43
    IDIOMS, - - - - - - - 44
    PROVERBS, - - - - - - 52

II. READER, - - - - - - - 54

    1. HISTORICAL SKETCHES AND TALES:

    1. Norway a Thousand Years Ago, - 54
    2. The Kings of Norway. *H. Wergeland,* 57

3. Rollo of Normandy. *S. Petersen*, - - 62
4. The Discovery of Iceland. *P. A. Munch*, 63
5. The Discovery of America by the Northmen. *D. Schoyen*, - - - 66
6. A Legend about St. Olaf. *S. Welhaven*, 68
7. The Battle at Stanford Bridge.
S. Petersen, 71
8. The Song of Sinclair. *E. Storm*, - - 73
9. The Union of Norway and Sweden, - 76
10. Tale-Tellers. *J. Moe*, - - - - 78
11. Old Mother Margrethe at the Gate of Heaven. *H. C. Andersen*, - - 79
12. Canute the Great. *A. Oehlenschlæger*, - 82
13. Navy Song. *Joh. Evald*, - - 85
14. Norwegian Flag Song. *C. N. Schwach*, 86
15. Patriotic Song. *B. Björnson*, - - 87

2. BIOGRAPHICAL SKETCHES.

16. Commemoration of Luther.
N. F. S. Grundtvig, 89
17. King Christian IV. *F. Hammerich*, - 91
18. Thomas Kingo. *M. Hammerich*, - 92
19. Niels Juel, - - - - - - 95
20. Ludvig Holberg. *C. A. Thortsen*, - 96
21. Peter Tordenskjold, - - - - 100
22. Hans Egede, - - - - - 102
23. Bertel Thorvaldsen, - - - - 104
24. Adam Oehlenschlæger. *M. Hammerich*, 106
25. Christopher Hansteen, - - - 109
26. Michael Sars, - - - - - 110

3. SKETCHES FROM NATURE.

27. The Waters of Norway. *L. K. Daa*, - 111
28. A Trip Across Norway. *The Author*, 114
29. The Midnight Sun. (From *Bayard Taylor's "Northern Travel,"*) - - 117
30. Herds of Reindeer in Finmarken.
N. V. Stockfleth, 119
31. Ascension of the " Horseman Mountain."
A. Vibe, 123
32. Reindeer-Hunting on the "High Mountain." *P. Asbjörnsen*, - - - 126
33. A Norwegian Patriotic Song. *S. O. Wolff*, 130
34. The Departure. *A. Munch*, - - 132
35. A Stranding on the Western Coast of Jutland. *S. S. Blicher*, - - 133
III. VOCABULARY. - - - - 137
IV. *Remarks on the History of the Norwegian-Danish language.* - - - - 192
V. *Notes on the Authors from whom Selections have been made.* - - - 197-202

GRAMMAR.

Grammar is divided into:
ORTHOGRAPHY, which treats of *Letters;*
ETYMOLOGY, which treats of *Words;*
SYNTAX, which treats of *Sentences.*

I. ORTHOGRAPHY.

The Norwegian-Danish language is written and printed both in German and Roman characters. The German characters are predominant, but the Roman are becoming more and more general.

The Norwegian-Danish alphabet consists of 29 letters, a list of which, both in Roman and German characters, is here subjoined, together with their pronunciation, where this deviates from the English.

ROMAN.		GERMAN.		PRONUNCIATION.
A	a	𝔄	a	as *a* in *hard.*
B	b	𝔅	b	
C	c	ℭ	c	
D	d	𝔇	d	
E	e	𝔈	e	as *ey* in *they.*
F	f	𝔉	f	

ORTHOGRAPHY.

ROMAN.	GERMAN.	PRONUNCIATION.
G g	G g	as *gey* in *good*.
H h	H h	as *ho* in *haul*.
I i	I i	as *ee* in *need*.
J j	J j	as *jod* or *jae* in *job*.
K k	K k	
L l	L l	
M m	M m	
N n	N n	
O o	O o	as *o* in *oak*.
P p	P p	
Q q	Q q	
R r	R r	
S s	S ſ s	
T t	T t	
U u	U u	as *oo* in *hood*.
V v	V v	as *vey*.
W w	W	as *dobbelt vey*.
X x	X x	
Y y	Y y	as the French *u* in *une*.
Z z	Z z	
Æ æ	Æ æ	as *a* in *make*.
Ö ö	Ö ö	as *u* in *bury*.
Aa aa	Aa aa Å å	as *oa* in *abroad*.

The letters Q and W are now rejected by some authors, who for Q use K, and for W, V. The letter C, in the words where it is pronounced like k, is now often commuted with the letter K.

eg is pronounced *ei* in *jeg*, I.

Every Noun is written with a capital letter, as *en Mand*, a man, *et Barn*, a child.

II.' ETYMOLOGY.

There are 10 classes of words in Norwegian - Danish, namely: 1, Articles; 2, Nouns; 3, Adjectives; 4, Numerals; 5, Pronouns; 6, Verbs; 7, Adverbs; 8, Prepositions; 9, Conjunctions and 10, Interjections.

1. ARTICLES.

The articles are: 1, The indefinite, and 2, The definite.
1. The indefinite is *en, et*; *en* is used in the common gender, *et* in the neuter gender, as *en* Mand, a man; *en* Kvinde, a woman; *et* Barn, a child; *et* Rige, a state.
2. The definite is added as an *affix* to the noun, but placed before the adjective as a separate word.

As an affix it is *-en* or *-n* in the common gender, *-et* or *-t* in the neuter, and *-ne* or *-ene* in the plural of both genders; as: *Mand-en, Kvinde-n, Barn-et, Rige-t, Kvinder-ne, Mænd-ene*. Before the adjective it is: *den, det, de*; as: *den* gode Mand, *det* gode Barn, *de* smaa Riger.

2. NOUNS.

1. GENDER (Kjön). There are two genders, viz: *the common gender* (including the Masculine and the Feminine), and the *neuter*. The gender is partly determined by the meaning of the word (the natural gender), partly by the ending (the grammatical gender).

§ 1. Of the *common gender* are the names of *persons, animals, plants and trees, portions of land and water* (as: *Mark*, field; *Elv*, river), *winds, the weather, celestial bodies, seasons, months, days, diseases, coins*. But to

14   ETYMOLOGY.

this rule there are several exceptions, which can only be learned by use; as: *et Folk*, people; *et Mandfolk*, male person; *et Menneske*, man; *et Barn*, child; *et Lam*, lamb; *et Kid*, kid; *et Föl*, foal; *et Straa*, straw; *et Træ*, tree; *et Fjeld*, mountain; *et* V*and*, lake.

Of the common gender are also *derivative* nouns, ending in: *e* (as: *Plage*, plague; *Varme*, warmth), *d*, *de*, *t*, *st*, *ste*, (as: *Byrd*, birth; *Byrde*, burden; *Rift*, rift; *Blomst*, flower; *Tjeneste*, service), *er*, *en*, (as: *Leder*, guide; *Syngen*, singing), *else*, *sel*, (as: *Begravelse*, burial; *Trivsel*, thriving), *ing*, *ske*, *dom*, *hed*, (as: *Vandring*, walk; *Vædske*, liquid; *Visdom*, wisdom; *Godhed*, goodness).

But also to this rule there are various exceptions, as: *et Möde*, meeting; *et Mörke*, darkness; *et Hjörne*, corner; *et Ansigt*, face; *et Værelse*, room; *et Fængsel*, prison.

§ 2. *Neuters* are the names of *countries, cities, places, letters, metals.*

Of the neuter gender are also 1, monosyllables formed of Infinitives without any additional termination, as: *et Spring*, a jump; *et Fald*, fall; *et Hop*, hop; *et Hyl*, yell; 2, derivative nouns, ending in *ri* (as: *Slaveri*, slavery), *ende* (as: *Anliggende*, business), *dömme* (as: *Herredömme*, dominion), *maal* (as: *Spörgsmaal*, question), and also in *skab*, when it signifies relationship (as: *Venskab*, friendship.)

§ 3. Compound nouns take generally the gender of the last part, as: *en Landmand* (*et* Land — *en* Mand).

§ 4. The following nouns change their gender according to their signification:

NOUNS. 15

en Ark, an ark.   *et* Ark, a sheet of paper.
en Bid, a morsel.   *et* Bid, a bite.
en Brud, a bride.   *et* Brud, a breach.
en Brug, a custom.   *et* Brug, a trade.
en Buk, a he-goat.   *et* Buk, a bow.
en Frö, a frog.   *et* Frö, a seed.
en Följe, a consequence. *et* Följe, a retinue.
en Lem, a trapdoor, shutter. *et* Lem, a limb.
en Lod, a lot.   *et* Lod, half an ounce.
en Raad, a counsellor. *et* Raad, an advice.
en Segl, a sickle.   *et* Segl, a seal.
en Skrift, a writing.   *et* Skrift, a literary work.
en Snert, a lash.   *et* Snert, a stroke of a whip.
en Stift, a nail, pin. *et* Stift, a diocese.
en Tryk, a print.   *et* Tryk, a pressure.
en Træk, a draught.   *et* Træk, a trait.
en Værge, a guardian.   *et* Værge, a weapon.
en Værk, a pain.   *et* Værk, a work.

§ 5. Nouns are sometimes inflected to denote gender. By adding *inde*, *esse* and *ske* to the Masculine the corresponding Feminine is formed; as: *Bisp*, bishop, *Bispinde*; *Baron*, *Baronesse*; *Marketenter*, sutler, *Marketenterske*, sutler-woman.

2. DECLENSION. The noun has two forms (casus) in each number; one for the Possessive (Genitive), and one for all the other relations (the Nominative and the Objective). In the Possessive, *singular and plural*, all nouns add an *s* without the apostrophe, as used in the English language, as: *Kvinde*, *Kvinde-s*; *Kvinder*, *Kvinder-s*.

§ 6. The nouns form their plural in four different ways:
The *first* class, containing all nouns ending in a short unaccented *e*, adds an *r* in the plural, as *Rige, Rige-r*.
The *second* adds an *e* in the plural, as *Fisk, Fisk-e*.
The *third* adds *er* in the plural, as *Blomst, Blomst-er*.
The *fourth* is alike in both numbers, as *Ord*, word; *Ord*, words.

§ 7. Of nouns belonging to the *first* class, *Öie*, eye, has in the plural *Öine*, and *Bonde*, peasant, changes the vowel in the plural: *Bönder*.

§ 8. Of nouns belonging to the *second* class, some dissyllables in *el, en,* and *er,* drop the *e* in the plural, as *Engel, Engl-e, Finger, Fingr-e*. (But *derivatives* in *er* keep their *e*, as *Fisker, Fisker-e*). Besides dropping the *e*, some dissyllables in *er* also change their vowel in the plural, as: *Fader, Fœdr-e; Moder, Mödr-e; Broder, Brödr-e; Datter,* (in the old language *Doter*) *Dötr-e*.

§ 9. Of nouns belonging to the *third* class dissyllables in *el*, drop the *e* in the plural, as: *Kedel* (or *Kjedel*), kettle, *Kedl-er; Titel*, title, *Titl-er;* and many monosyllables change their vowel in the plural, as:

And, duck, *Ænd-er*.   *Raa*, yard, *Rœ-er*.
Bod, fine, *Böd-er*.   *Rod*, root, *Rödd-er*.
Bog, book, *Bög-er*.   *Stad*, city, *Stœd-er*.
Fod, foot, *Född-er*.*   *Stand*, estate, *Stœnd-er*.
Haand, hand, *Hœnd-er*.   *Stang*, perch, *Stœng-er*.
Ko, cow, *Kö-er*, (or *Kjö-er*).   *Taa*, toe, *Tœ-er*.
Klo, claw, *Klö-er*.   *Tand*, tooth, *Tœnd-er*.
Kraft, strength, *Krœft-er*.   *Tang*, tongs, *Tœng-er*.
Nat, night, *Nœtt-er*. * *Fod* as a *measure* is unchangeable in the plural.

To the third class belong specially most of the *foreign* nouns, as: *Melodi, Melodi-er; Figur, Figur-er; Nation, Nation-er; Substantiv, Substantiv-er; Student, Student-er; General, General-er.*

§ 10. Some monosyllables, belonging to the *fourth* class, change their vowel in the plural, as *Mand, Mænd; Barn, Börn; Gaas,* goose, *Gæs* (or *Gjæs*).

§ 11. With reference to the *second* and *third* class it may be remarked, that some nouns, having a short vowel, followed by a single consonant, double the final consonant in the plural, as *Dom*, judgment, *Domm-e; Hat*, hat, *Hatt-e; Nar*, fool, *Narr-e; Stok*, stick, *Stokk-e; Væg*, wall, *Vægg-e; Bred*, border, *Bredd-er; Bön*, prayer, *Bönn-er; Hal*, hall, *Hall-er; Kop*, cup, *Kopp-er; Lem*, limb, *Lemm-er; Nöd*, nut, *Nödd-er; Ret*, dish, *Rett-er; Skal*, shell, *Skall-er; Sön*, son, *Sönn-er; Ven*, friend, *Venn-er.*

§ 12. Some nouns which change their *gender* according to their signification (see § 4), also change their *plural* according to the same; as: *en Buk*, pl. *Bukk-e; et Buk*, pl. *Buk; en Frö*, pl. *Frö-er; et Frö*, pl. *Frö*. Other nouns have the same gender, but *different forms in plural* with different meaning; as: *Skat*, pl. *Skatt-e*, treasures, and *Skatt-er*, taxes.

3. ADJECTIVES.

1. GENDER. The neuter gender of the adjectives is formed by adding a *t* to the common gender, as *god*, good, *godt*.

§ 13. The following adjectives, terminating in *n*, drop the *n*, when adding *t* to the neuter, as: *liden*, little, *lidet; megen*, much, *meget; nogen*, some, *noget; anden*, other, *andet; hvilken*, which, *hvilket; en*, one, *et; min*, my, *mit; din*, thy, *dit; sin*, his, *sit; egen*, own, *eget*. (Irregular are: *mangen*, many, *mangt; ingen*, none, *intet*). Likewise the past participles terminating in *en*, drop the *n* before the *t*, as: *skreven*, written, *skrevet*.

§ 14. Some adjectives are not inflected in gender, viz: 1, those terminating in *d* with a vowel before it, as: *glad*, glad; 2, those terminating in *t, es, e, o, u* and *y*, as: *let*, light; *fælles*, common; *ringe*, slight; *tro*, true; *ublu*, shameless; *sky*, shy. (Exception makes *ny*, new, *nyt*).

2. DECLENSION. The plural is formed by adding an *e* to the singular, as *god, gode, en god Mand, gode Mænd*.

With reference to the *plural* of the adjectives, we observe that: 1, some double the final consonant, those namely that are in the same condition as the nouns spoken of in § 11, as: *let*, light, *lett-e; tyk*, thick, *tykk-e;* 2, the dissyllables terminating in *el, en, er* drop the *e*, like the nouns spoken of in § 8, as: *gammel*, old, *gaml-e; doven*, lazy, *dovn-e; fager*, fair, *fagr-e;* 3, those terminating in *unaccented et* change this termination in *ede*, as: *stribet*, striped, *stribede*, but in accented *et* no change takes place, as: *violet*, violet, *violette; honet*, honest, *honette;* 4, the plural of *liden* or *lille* is *smaa*, as: et *lidet* Barn, *smaa* Börn.

ADJECTIVES.

§ 15. The addition of *t* in neuter and *e* in plural refers only to the *indefinite* form of the adjective. The *definite* form always terminates in *e* and does not change according to gender or number, as: den *gode Mand*, det *gode* Barn, de *gode* Börn.

3. COMPARISON. The *positive* degree is the adjective itself. The *comparative* degree is expressed by adding *ere* or *re* to the positive, as: *glad, glad-ere; ringe, ringe-re;* the *superlative* degree by adding *est* or *st* to the positive, as: *glad-est, ringe-st*.

§ 16. The adjectives ending in *el, en, er* drop the *e*, as: *ædel*, noble, *ædl-ere, ædl-est*.

The monosyllables double their final consonant after a short vowel, as: *tryg*, sure, *trygg-ere, trygg-est*.

Some adjectives change their vowel in the Comparative and the Superlative as:

POSITIVE.	COMPARATIVE.	SUPERLATIVE.
lang, long,	*længere*,	*længst*.
ung, young,	*yngre*,	*yngst*.
stor, great,	*större*,	*störst*.
faa, few,	*færre*,	*færrest*,

§ 17. Some adjectives derive their Comparative and Superlative from other words than the Positive, as:

POSITIVE.	COMPARATIVE.	SUPERLATIVE.
god, good,	*bedre*,	*bedst*.
ond, bad,	*værre*,	*værst*.
gammel, old,	*ældre*,	*ældst*.
liden, lille, little, small,	*mindre*,	*mindst*.

POSITIVE.	COMPARATIVE,	SUPERLATIVE.
mange, many,	*flere*,	*flest*.
meget, much,	*mere*,	*mest*.
nær, near,	*nærmere*,	*nærmest*, or *nærest*.

Some adjectives, derived from Adverbs of Place, are defective in the Positive, as:

COMPARATIVE.	SUPERLATIVE.
nedre, nether,	*nederst*.
övre, upper,	*överst*.
ydre, outer,	*yderst*.
indre, inner,	*inderst*.
midtre, amid,	*midterst*.
bagre,	*bagerst*, hindermost.

Superlatives used exclusively as such are: *först*, from *för*, before; *forrest*, from *foran*, in front; *sidst*, from *siden*, afterwards; *ypperst*, from *oppe*, above; *mellemst*, from *mellem*, between; *eneste*, from *ene*, alone.

The superlative degree is sometimes *intensified* by the addition of *aller*, as: *allerförst*, the very first.

§ 18. Some adjectives form the Comparative by placing *mere*, more, before the Positive, and the Superlative by placing *mest*, most. Such are either participial, or derivatives terminating in *sk, es, et, en*, and some in *d*, as: *elskende*, loving, *mere, mest elskende; bunden*, bound, *mere, mest bunden; krigersk*, warlike, *mere, mest krigersk; udvortes*, external, *mere, mest udvortes; bakket*, hilly; *ulden*, woollen; *fremmed*, strange.

A comparison of *diminution* is expressed by placing *mindre*, less, and *mindst*, least, before the Positive, as: *hvid*, white, *mindre, mindst hvid*.

4. NUMERALS.

The numerals are Cardinals and Ordinals.
The names of the cardinals are:

een,	1	sytten,	17
to,	2	atten,	18
tre,	3	nitten,	19
fire,	4	tyve,	20
fem,	5	eenogtyve,	21
sex,	6	toogtyve, etc.,	22
syv,	7	tredive,	30
otte,	8	fyrretive or firti,	40
ni,	9	femti or halvtresindstyve,	50
ti,	10	sexti or tresindstyve,	60
elleve,	11	sytti or halvfirsindstyve,	70
tolv,	12	otteti or firsindstyve,	80
tretten,	13	nitti or halvfemsindstyve,	90
fjorten,	14	hundrede,	100
femten,	15	tusende,	1000
sexten,	16		

Sinds is an old word signifying *Gange*, times, as: *tresindstyve*, three times twenty.

§ 19. The cardinals *to* (2) and *tre* (3) are also called *tvende, trende*.

The fractions are thus expressed: ½, *en halv;* 1½, *halvanden;* 2½, *halvtredie, to og en halv;* 3½, *halvfjerde, tre og en halv;* ⅓, *en Trediedel;* ⅔, *to Trediedele;* ¾, *tre Fjerdedele.*

§ 20. The *ordinals* are formed from the cardinals by adding *de*, or *te*, or *nde*, or *ende*. Irregular are *den förste*, the first, *den anden*, the second, *den tredie*, the third, *den fjerde*, the fourth, *den sjette*, the sixth.

The names of the ordinals are:

den första, - -	the 1st.	*den femtende,* -	the 15th.
anden, - -	2d.	*sextende,* -	16th.
tredie, - -	3d.	*syttende,* -	17th.
fjerde, - - -	4th.	*attende,* - -	18th.
femte, - -	5th.	*nittende,* -	19th.
sjette, - - -	6th.	*tyvende,* - -	20th.
syvende, -	7th.	*enogtyvende,* etc.	21st.
ottende, - -	8th.	*tredivte,* -	30th.
niende, - -	9th.	*fyrretivende,*	40th.
tiende, - - -	10th.	*femtiende* or *halv-*	
ellevte, - -	11th.	*tresindstyvende,*	50th.
tolvte, - - -	12th.	*sextiende* or *tre-*	
trettende, -	13th.	*sindstyvende,*	60th.
fjortende, - -	14th.	and so on.	

5. PRONOUNS.

The pronouns are divided into the following six classes: 1, the personal, 2, the possessive, 3, the demonstrative, 4, the relative, 5, the interrogative, 6, the indefinite.

1. The PERSONAL pronouns are thus declined:

1st Person.

SINGULAR.   PLURAL.
Nominative: Jeg, I.   *vi,* we.
Possessive: (*min*), (mine).   (*vor*), (ours).
Objective: mig, me.   *os,* us.

2d Person.

SINGULAR.   PLURAL.
Nominative: Du, thou.   *I,* you or ye.
Possessive: (*din*), (thine).   *Eders,* yours.
Objective: Dig, thee.   *Eder,* (*Jer*), you.

3d Person.
SINGULAR. PLURAL,
Nom.: han, he; *hun,* she; *den, det,* it. *de,* they.
Poss.: hans, his; *hendes,* hers; *dens, dets,* its. *deres,* theirs.
Obj.: ham, him; *hende,* her; *den, det,* it. *dem,* them.
(*sig*), (*sig*), (*sig*), (*sig*).

The possessive pronouns *min, din* and *vor* supply the Possessive case of *Jeg, Du* and *Vi*.

Instead of *Du* and *Dig* is often used *De, Dem,* (you). It is always written with a capital letter and construed with the Singular of the verb, as: *Hvorledes lever De,* how do you do?

§ 21. *Sig,* (himself, herself, itself, themselves) is always REFLECTIVE, as: *han slog sig,* he hurt himself; *de klæde sig,* they dress themselves. *Selv,* self, is used to make the pronoun more emphatic, as: *Jeg har selv seet det,* I have seen it myself. *Hinanden,* each other, *hverandre,* one another, are used RECIPROCALLY, as: *de elske hinanden,* they love each other; *de advare hverandre,* they warn one another.

2. The POSSESSIVE pronouns are adjectives and may be considered as making up for the defective Possessive (Genitive) of the personal pronouns.

	Singular.		*Plural.*
	COM. GENDER.	NEUTER.	
1st person.	min, vor.	mit, vort.	mine, vore.
2d person.	din, jer.	dit, jert.	dine, jere.
3d person.	sin.	sit.	sine.

Vor and *jer* are used with respect to things belonging to two or more persons.

3. The DEMONSTRATIVE pronouns are: *den*, this; *denne*, this; *hin*, that. They are thus declined:

Singular.

	COM. GEND.	NEUT.	COM. GEND.	NEUT.	COM. GEND.	NEUT.
Nominative:	den,	det,	denne,	dette,	hin,	hint.
Possessive:	dens,	dets,	dennes,	dettes,	(hins)	(hints)

Plural.

	COM. GEND.	NEUT.	PLURAL
Nominative:	de	disse	hine
Possessive:	deres	disses	hines
Objective:	dem	disse	hine

Among the demonstrative pronouns are also counted: *samme*, the same; *saadan, slig*, such an one; and *begge*, both.

4. The RELATIVE pronouns are: *som, der, hvo* or *hvem*, who; *hvilken*, which; *hvad*, what. *Som* and *der* are used for both genders and both numbers.

Hvo, hvem is only used with respect to persons, *hvad* with respect to things.

The possessive case for all relative pronouns is *hvis*. The neuter of *hvilken* is *hvilket;* the plural, *hvilke*.

5. The INTERROGATIVE pronouns are: *hvo* or *hvem, hvad, hvilken. Hvis* is the only possessive case.

6. The INDEFINITE pronouns are:

COM. GEND.	NEUTER.	PLURAL.
Man, one, they, (only as Subject)		
En, one	*Et*	
Al, all	*Alt*	*Alle*

COM. GEND.	NEUTER.	PLURAL.
Somme, some		*Somme*
Mange, many	*Mangt*	*Mange*
Nogen, some, somebody	*Noget*	*Nogle*
Ingen, no, nobody	*Intet*	*Ingen*
Anden, other, somebody else	*Andet*	*Andre*

Hver, Enhver, every, every one, each   *Hvert, Ethvert*
Hvemsomhelst, whosoever   *Hvadsomhelst*, whatsoever
Hvilkensomhelst, whichsoever   *Hvilketsomhelst*   *Hvilkesomhelst*

    Det and *der*, not accented, are used as indefinite pronouns, as: *det regner*, it rains; *der siges*, it is said.

6. VERBS.

    The verbs have two voices, an *active* and a *passive*. The latter is formed by adding *s* to the Infinitive - Present of the active.

    The active verbs are either *transitive* or *intransitive*.

    § 22. To the transitive verbs belong the *reflective*, which are followed by the objective cases of the subject pronoun, as: *jeg glæder mig*, I rejoice.

    To the intransitive verbs belong the *reciprocal*, as: *De kappes*, they emulate.

    Deponent verbs are those, which, with a passive form, have an active signification, as: *at færdes*, to travel; *at lykkes*, to succeed.

    § 23. The verbs have *four modes:*
The Infinitive, *at leve*, to live,
the Indicative, *jeg lever*, I live,
the Imperative, *lev*, live,
the Optative, Conjunctive, or Subjunctive, *Kongen leve!*
long live the King!
The last mode is becoming obsolete.

§ 24. The Indicative has *three tenses:* The Present, the Past, the Future.

The Present.   *jeg elsker*,   I love.

The Past may be:

the Imperfect (Past T.):   *jeg elskede*,   I loved.
the Perfect (Pres. Perf. T.): *jeg har elsket*,   I have loved.
the Pluperf. (Past Perf. T.): *jeg havde elsket*,   I had loved.

The Future may be:

1st Future, (Fut. T.):   *jeg skal (vil) elske*,   I shall love,
2d Future: (Fut. Perf. T.): *jeg skal (vil) have elsket*, I shall have loved.
    or, *jeg faaer elsket*.

The *persons* are usually distinguished by the pronouns, not by peculiar terminations. However in the *Pres. Ind. Act.*, and to some extent in the past tense, there are separate forms for the Singular and Plural, as: *Jeg elske-r*, I love, *vi elske*, we love; *Jeg tog*, I took, *vi tog-e*, we took.

§ 25. The optative and the imperative modes have only the present tense, as: *han elske*, may he love; *elsk*, love.

The Present is often used for the Future, as: *jeg reiser snart udenlands*, I shall soon go abroad.

§ 26. Only the present and past tenses are formed from the root of the verb, the other tenses by the use of *auxiliary* verbs. The most important of these are *have*, have; *være*, be; *skulle*, shall; *ville*, will; *faae*, get; *blive*, become or be. *Have* and *være* serve to form the Present Perfect and Past Perfect; the first is used with the *active* verbs and some intransitive verbs; the last with the *passive* and some intransitive verbs.

Skulle and *ville* serve to form the future tenses.

Faae, united to the past participle, is equivalent to the English *shall have*, as: *naar jeg faaer skrevet*, when I shall have written.

Blive is often used to form the passive, as: *han bliver elsket*, or *han elskes*, he is loved.

§ 27. The *participles* are two, as in other languages, a present participle and a past participle.

THE CONJUGATIONS.—The verbs may be divided into two orders or conjugations, the *weak* (regular), and the *strong* (irregular).

§ 28. Verbs of the *weak* conjugation form the Past Tense of the Indicative Active by adding *ede*, or *te* to the root, and the Past Participle by adding *et* or *t*, as: *elsk, elsk-ede, elsk-et; tænk*, think, *tænk-te, tænk-t*.

Some of the verbs, which in the Past Tense add *te*, also change the vowel in the root, as: *bringe*, to bring, *bragte*.

§ 29. THE WEAK CONJUGATION of the verb, *at elske*, to love.

The active voice.

Indicative.

	SINGULAR.	PLURAL.
Present:	*jeg elsker,*	*vi elske.*
Past:	*jeg elskede,*	*vi elskede.*
Present Perfect:	*jeg har elsket,*	*vi have elsket.*
Past Perfect:	*jeg havde elsket,*	*vi havde elsket.*
Future:	*jeg skal (vil) elske,*	*vi skulle (ville) elske.*
Future Perfect:	*jeg skal (vil) have elsket,*	*vi skulle (ville) have elsket,*
	or, *faaer elsket,*	or, *faae elsket.*

Imperative.

elsk,   plur. *elsker.*

Optative.

Du, han elske.

Infinitives.

At elske, at have elsket, at skulle (ville) elske, at skulle (ville) have elsket, or *faae elsket.*

Participles.

Present: *elskende,* loving.   Past: *elsket,* loved.

The passive voice.

Indicative.

SINGULAR.	PLURAL.
Present: *jeg elskes,* or *bliver elsket,*	*vi elskes,* or *blive elskede.*
Past: *jeg elskedes,* or *blev elsket,*	*vi elskedes,* or *bleve elskede.*
Pres.Perf: *jeg er elsket,* or *er bleven elsket,*	*vi ere elskede,* or *ere blevne elskede.*
Past Perf: *jeg var elsket,* or *var bleven elsket,*	*vi vare elskede,* or *vare blevne elskede.*
Future: *jeg skal (vil) elskes,* or *skal (vil) blive elsket,*	*vi skulle (ville) elskes,* or *skulle (ville) blive elskede.*
Fut. Perf: *jeg skal (vil) være elsket,* or *skal (vil) være bleven elsket,*	*vi skulle (ville) være elskede,* or *skulle (ville) være blevne elskede.*

Infinitives.

At elskes, to be loved; *at have være elsket,* or *at være bleven elsket,* to have been loved; *at ville elskes,* to be about to be loved; *at skulle være bleven elsket,* to have been about to be loved.

Participle.

Elsket,   plur. *elskede.*

WEAK CONJUGATION.

§ 30. Most of the Verbs of the *weak* conjugation form the past tense by adding *ede,* to the root. The verbs which in the past tense add *te* and in the past participle add *t* to the root, are those whose roots terminate in a single consonant, or in *mm, ll, ld, ls, nd, ng, nk.* They are comprehended in the following list:

INFINITIVE (THEME).	PAST TENSE.	PAST PART.
blöde, bleed,	blödte,	blödt.
bruge, use,	brugte,	brugt.
brænde, burn,	brændte,	brændt.
dele, divide,	delte,	delt.
dræbe, kill,	dræbte,	dræbt.
före, carry,	förte,	fört.
gjemme, lay by,	gjemte,	gjemt.
glemme, forget,	glemte,	glemt.
hilse, greet,	hilste,	hilst.
hænge, hang,	hængte,	hængt.
höre, hear,	hörte,	hört.
kalde, call,	kaldte,	kaldt.
kjende, know,	kjendte,	kjendt.
kjöre, drive,	kjörte,	kjört.
lede, seek,	ledte,	ledt.
lege, play,	legte,	legt, (leget).
lære, teach or learn,	lærte,	lært.
læse, read,	læste,	læst.
maale, measure,	maalte,	maalt.
maatte (be obliged),		
Pres. *maa,* must,	maatte,	maattet.
möde, meet,	mödte,	mödt.
nöde, constrain, oblige,	nödte,	nödt.
pine, torture,	pinte,	pint.

ETYMOLOGY.

INFINITIVE (THEME).	PAST TENSE.	PAST PART.
prise, praise,	*priste*,	*prist*.
raabe, cry, call,	*raabte*,	*raabt*.
reise, journey or raise,	*reiste*,	*reist*.
sende, send,	*sendte*,	*sendt*.
skabe, create,	*skabte*,	*skabt*.
skille, separate,	*skilte*,	*skilt*.
skylde, owe, be indebted,	*skyldte*,	*skyldt*.
taale, bear with,	*taalte*,	*taalt*.
tabe, lose,	*tabte*,	*tabt*.
tale, speak,	*talte*,	*talt*.
tjene, serve,	*tjente*,	*tjent*.
trænge, want,	*trængte*,	*trængt*.
tænde, light,	*tændte*,	*tændt*.
tænke, think,	*tænkte*,	*tænkt*.
vise, show,	*viste*,	*vist*.
voxe, grow,	*voxte*,	*voxet*.

§ 31. The following verbs of the *weak* conjugation, in the past tense not only add *te* or *de* but also change the vowel in the root, (usually *æ* to *a* and *ö* to *u*):

INFINITIVE.	PAST TENSE.	PAST PART.
bringe, bring,	*bragte*,	*bragt*.
burde, Pres. *bör*, ought,	*burde*,	*burdet*.
dölge, conceal,	*dulgte*,	*dulgt*.
fölge, follow,	*fulgte*,	*fulgt*.
gjöre, do,	*gjorde*,	*gjort*.
kunne, Pres. *kan*, can,	*kunde*,	*kunnet*.
kvæle, suffocate,	*kvalte*,	*kvalt*.
lægge, lay,	*lagde*,	*lagt*.
række, reach, hand,	*rakte*,	*rakt*.
sige, say,	*sagde*,	*sagt*.

STRONG CONJUGATION. 31

INFINITIVE.	PAST TENSE.	PAST PART.
skulle, Pres. skal, shall,	skulde,	skullet.
spörge, ask,	spurgte,	spurgt.
strække, stretch,	strakte,	strakt.
sælge, sell,	solgte,	solgt.
træde, tread, step,	traadte,	traadt.
turde, dare, Pres. tör,	turde,	turdet.
tælle, count,	talte,	talt.
vide, know, Pres. veed,	vidste,	vidst.
vække, awake,	vakte or vækkede,	vakt or vækket.
vælge, choose, elect,	valgte,	valgt.

§ 32. THE STRONG CONJUGATION.—Verbs of the strong conjugation are always monosyllabic in the past tense and usually change the radical vowel, as: *finde*, find, *fandt; synge*, sing, *sang*.

Some verbs of this conjugation, especially those which have a long vowel in the root, add an *e* in the Plural of the past tense, as: *tage*, take, *jeg tog*, I took, *vi toge*, we took.

The past participle sometimes forms the common gender in -*n*, the neuter in -*t* and the Plural in -*ne*, but then only when the verb is conjugated with the auxiliary verb *at være*, to be, as: *funden, fundet, fundne*, as: *Manden er funden*, the man is found, *Barnet er fundet*, the child is found; *Manden og Barnet ere fundne*, the man and the child are found.

Some verbs of this conjugation have the same vowel in the past participle as in the Present Indicative, as: *sidde*, sit, *sad*, *siddet;* some others the same as in the past tense, as: *drive*, drive, *drev, dreven;* and some quite a different vowel, as: *binde*, bind, *bandt*, *bunden*. Some few do not change the radical vowel at all, as: *komme*, come, *kom*, *kommen*.

§ 33. Verbs of this conjugation are divided into six classes, according to the six different vowels in their past tense, viz: *a, aa, e, i, o, ö*.

1*st Class* has *a* in the past tense:

INFINITIVE.	PAST TENSE.	PAST PART.
bede, beg,	*bad(e)*,	*bedet*.
binde, bind,	*bandt*,	*bunden*, -et, -ne.
briste, burst,	*brast*,	*brusten*, -et, -ne.
brække, break,	*brak*,	*brukken*, -et, -ne.
bære, carry,	*bar*,	*baaren*, -et, -ne.
drikke, drink,	*drak*,	*drukken*, -et, -ne.
falde, fall,	*faldt*,	*falden*, -et, -ne.
finde, find,	*fandt*,	*funden*, -et, -ne.
gide, may,	*gad*,	*gidet*.
give, give,	*gav*,	*given*, -et, -ne.
gjælde, to go for, to be worth,	*gjaldt*,	*gjældt*.
græde, weep,	*græd*,	*grædt*.
hjelpe, assist,	*hjalp*,	*hjulpen*, -et, -ne.
hænge, hang,	*hang*,	*hængt*.
klinge, sound,	*klang*,	*klinget*.
knække, crack,	*knak*,	*knækket*, -ede.
kvæde, sing,	*kvad(e)*,	*kvædet*, -ede.
rinde, run,	*randt*,	*runden*, -et, -ne.
sidde, sit,	*sad*,	*siddet*.
skære, (*skjære*), cut,	*skar(e)*,	*skaaren*, -et, -ne.
slippe, let go, escape,	*slap*,	*sluppen*, -et, -ne.
spinde, spin,	*spandt*,	*spunden*, -et, -ne.

STRONG CONJUGATION.

INFINITIVE.	PAST TENSE.	PAST PART.
springe, spring,	*sprang*,	*sprungen*, -et, -ne.
sprække, burst,	*sprak*,	*sprukken*, -et, -ne.
stikke, sting, pierce,	*stak*,	*stukken*, -et, -ne.
stjæle, steal,	*stjal*,	*stjaalen*, -et, -ne.
svinde, vanish,	*svandt*,	*svunden*, -et, -ne.
synge, sing,	*sang*,	*sungen*, -et, -ne.
synke, sink,	*sank*,	*sunken*, -et, -ne.
tie, be silent,	*taug*,	*tiet*.
træffe, hit,	*traf*,	*truffen*, -et, -ne.
tvinde, twine,	*tvandt*,	*tvunden*, -et, -ne.
tvinge, force,	*tvang*,	*tvungen*, -et, -ne.
vinde, win,	*vandt*,	*vunden*, -et, -ne.
være, be, Pres. *er*, is,	*var*,	*været*.

2d *Class* has *aa* in the past tense:

ligge, lie,	*laa*,	*ligget*.
se, see,	*saa*,	*seet*, -de.
æde, eat,	*aad*,	*ædt*, -e.

3d *Class* has *e* in the past tense:

bide, bite,	*bed(e)*,	*bidt*, -e.
blive, become, be,	*blev(e)*,	*bleven*, -et, -ne.
drive, drive, urge,	*drev(e)*,	*dreven*, -et, -ne.
glide, glide,	*gled(e)*,	*gleden*, -et, -ne.
gnide, rub,	*gned(e)*,	*gneden*, -et, -ne.
gribe, grasp,	*greb(e)*,	*greben*, -et, -ne.
hedde, be called,	*hed*,	*hedt*.
knibe, pinch,	*kneb(e)*,	*kneben*, -et, -ne.
lide, suffer,	*led(e)*,	*lidt*, -e.
pibe, whistle,	*peb(e)*,	*peben*, -et, -ne.

ETYMOLOGY.

INFINITIVE.	PAST TENSE.	PAST PART.
ride, ride,	*red(e)*,	*reden, -et, -ne.*
rive, tear,	*rev(e)*,	*reven, -et, -ne.*
skride, proceed,	*skred(e)*,	*skreden, -et, -ne.*
skrige, scream,	*skreg(e)*,	*skregen, -et, -ne.*
skrive, write,	*skrev(e)*,	*skreven, -et, -ne.*
slibe, grind,	*sleb(e)*,	*sleben, -et, -ne.*
slide, toil, wear,	*sled(e)*,	*slidt, -e.*
snige, sneak,	*sneg(e)*,	*snegen, -et, -ne.*
stige, ascend,	*steg(e)*,	*stegen, -et, -ne.*
stride, strive,	*stred(e)*,	*stridt, -e.*
svide, singe,	*sved(e)*,	*sveden, -et, -ne.*
svige, defraud,	*sveg(e)*,	*svegen, -et, -ne.*
trine, step,	*tren(e)*,	*trinet.*
vige, yield,	*veg(e)*,	*vegen, -et, -ne.*
vride, wring,	*vred(e)*,	*vreden, -et, -ne.*

4th *Class* has *i* in the past tense:

faae, receive,	*fik*,	*faaet.*
gaa, go,	*gik*,	*gaaet, -ede.*

5th *Class* has *o* in the past tense:

drage, draw,	*drog(e)*,	*dragen, -et, -ne.*
fare, rush, start,	*foer*,	*faren, -et, -ne.*
holde, hold,	*holdt*,	*holdt, -e.*
jage, hunt,	*jog(e)*,	*jagen, -et, -ne.*
komme, come,	*kom*,	*kommen, -et, -ne.*
lade, let,	*lod(e)*,	*ladet.*
le, laugh,	*lo*,	*leet.*
slaa, beat,	*slog(e)*,	*slaaet, -ede.*
sove, sleep.	*sov*,	*sovet.*

STRONG CONJUGATION.

INFINITIVE.	PAST TENSE.	PAST PART.
staa, stand,	*stod(e)*,	*staaet, -ede.*
sværge, swear,	*svor(e)*,	*svoren, -et, -ne.*
tage, take,	*tog(e)*,	*tagen, -et, -ne.*

6th *Class* has *ö* in the past tense:

bryde, break,	*bröd(e)*,	*brudt, -e.*
byde, offer,	*böd(e)*,	*buden, -et, -ne.*
flyde, flow,	*flöd(e)*,	*flydt, -e.*
flyve, fly,	*flöi*,	*flöien, -et, -ne.*
fnyse, chafe,	*fnös*,	*fnyst.*
fryse, feel cold,	*frös(e)*,	*frosen, -et, -ne.*
fyge, drift,	*fög(e)*,	*föget.*
gyde, pour out,	*göd(e)*,	*gydt, -e.*
gyse, shudder,	*gös* or *gyste*,	*gyst.*
klyve, climb,	*klöv(e)*.	*klövet, -ede.*
krybe, creep,	*kröb(e)*,	*kröben, -et, -ne.*
lyde, sound,	*löd(e)*,	*lydt.*
lyve, lie,	*löi*,	*löiet.*
nyde, enjoy,	*nöd(e)*,	*nydt, -e.*
nyse, sneeze,	*näs*,	*nyst.*
ryge, smoke,	*rög(e)*,	*röget.*
snyde, cheat, snuff,	*snöd*,	*snydt.*
stryge, iron, stroke,	*strög*,	*strögen, -et, -ne.*

§ 34. Some verbs are weak as transitives and strong as intransitives, as: *at brække*, to break; *jeg brækker, brækkede, har brækket min Spaserestok* (cane). Here the verb is transitive and weak, but when I say: *Min Spadserestok brak*, or, *er brukken*, the verb is intransitive and strong.

ETYMOLOGY.

§ 35. The following sentences may serve to indicate some peculiarities of the Norwegian-Danish construction:

Jeg vil til at skrive, I am going to write.
Jeg vilde til at skrive, I was going to write.
Jeg skriver ikke, I do not write.
Skriv dog endelig, Do write.
Jeg er færdig med at skrive, I have done writing.

§ 36. The *impersonal* verbs take *det* or *der* before the verb, as *Det regner*, it rains; *der er*, there is.

Several impersonal verbs can be used personally, as: *Det fryser*, it freezes; *jeg fryser*, I feel cold.

7. ADVERBS.

Some adverbs are susceptible of comparison, namely those which are derived from the neuter of the adjectives, and some that terminate in *e*, as: *höit*, highly, *höiere, höiest* or *höist, ofte*, often, *oftere, oftest*. Some adverbs derive their comparatives and superlatives from other words than the positive (*vide* § 17), as: *ilde*, badly, *værre, værst; vel*, well, *bedre, bedst; gjerne*, willingly, *hellere, helst*.

8. PREPOSITIONS.

Some prepositions when compounded with verbs, can only be used as a prefix thereto, as: *an-mode*, to ask; some others may be used either as prefixes, compounded with the verb, or separately *after* it, as: *fra-falde*, to give up, or *falde fra*.

When the preposition *for* is prefixed to a verb, an *e* is added to it, as: *fore-give*, to allege, *fore-kömme*, to prevent.

9. CONJUNCTIONS.

Some conjunctions are also used as adverbs and prepositions, as: *för*. 1. *Jeg har ikke seet ham för* (adverb), I have not seen him before; 2. *För Syndfloden*, (preposition), before the deluge; 3. *Han kom för man ventede ham* (conjunction), he came before he was expected.

10. INTERJECTIONS.

Expressions of wonder are: *ih! ha! ho!* of pain: *au!* of grief: *ak! o!* of contempt: *fy!* of calling: *hei!* of joy: *heisa!*

III. SYNTAX.

1. THE CONSTRUCTION OF SENTENCES.

§ 37. The word on which the emphasis is laid, is generally the first in the sentence, as: ALDRIG *skal jeg glemme Dig*, I shall never forget you. NÆSTE *Uge begynder han*, he commences next week.

§ 38. The Possessive is placed *before* the thing or person possessed, as: *Faderens Hus*, the house of the father. Sometimes the Possessive is expressed by means of prepositions, either by *af*, or by *til*, as: *Sön af Kongen, Söster til Manden*.

§ 39. The Subject of a sentence is generally placed *before* the Predicate, but sometimes it is placed *after* it, or in compound tenses after the auxiliary verb, namely:

a.—When the subordinate sentence precedes the principal, as: *Da Morgenen gryede*, REISTE HAN, when the morning dawned, *he departed. Da Klokken slog 12*, HAVDE HAN *udaandet*, when the clock struck 12, *he had expired*.

b.—When the sentence is interrogative or optative, indicating some doubt or condition, as: *Naar* REISER DE *til Europa?* when will *you go* to Europe? *Vidste jeg det*, VILDE JEG *være tilfreds*, if I knew it, *I should* be contented.

c.—After the unaccented particle *der*, as: *der gik en Dreng forbi*, a boy passed by.

2. OF THE ADJECTIVES.

§ 40. Some adjectives take nouns or pronouns as a supplement, which is sometimes put in the objective case, sometimes connected by the preposition *for*, while the English in such connection use the preposition *to*, as: *Det er behageligt* FOR *ham*, or *det er* HAM *behageligt*, it is agreeable *to* him

Such is the case with the following adjectives:
behagelig, pleasant, agreeable,
bekjendt, known,
besværlig, cumbrous, burdensome, troublesome, importunate,
eiendommelig, peculiar, proper,
fordelagtig, advantageous,
fordærvelig, pernicious,
forhadt, hateful, odious,
gavnlig, beneficial,
indlysende, obvious,
kjær, dear,

mulig, possible,
naturlig, natural,
ny, new,
nyttig, profitable, useful,
nödvendig, necessary,
passende, appropriate, suitable,
skadelig, detrimental, obnoxious, injurious.
tjenlig, expedient, serviceable,
unyttig, useless,
velkommen, welcome,
væsentlig, material.

§ 41, Other adjectives take nouns or pronouns after them, connected by the preposition *imod*, where the English use the preposition *to*, as: *venlig* IMOD *ham*, affable *to* him.

Such is the case with the following:
artig, courteous,
barmhjertig, charitable, merciful.

billig, equitable.
falsk, false.
fiendtlig, hostile, inimical,

forekommende, complaisant, *overbærende*, indulgent,
forrædersk, treacherous, *retfærdig*, just,
gavmild, liberal, *streng*, severe,
gjenstridig, refractory, *taknemmelig*, thankful,
god, kind, *tro*, faithful, loyal,
grov, rude, *ubarmhjertig*, merciless,
gunstig, favorable, propi- *uføls*om, insensible.
tious, *ulydig*, disobedient,
haardnakket, obstinate, *utro*, unfaithful,
høflig, polite, civil, *uvenlig*, unkind, disobliging,
kold, cold, ungracious.
lydig, dutiful, obedient, *venlig*, affable,
mistroisk, mistrustful, *venskabelig*, friendly.
naadig, gracious,

§ 42. Other adjectives take nouns or pronouns after them connected by the preposition *med*, while the English use the preposition *to*, as: *beslægtet* MED *ham*, cognate *to* him.

Such is the case with the following:
beslægtet, cognate, *parallel*, parallel,
fortrolig, private, *samtidig*, coëxistent, coëval,
ligegjældende, tantamount, contemporary,
overenstemmende, conform, *stemmende*, congenial.
conformable, congruous, *uforenelig*, imcompatible,
consonant,

§ 43. Other adjectives take nouns or pronouns after them connected by *various* prepositions, *efter, for, i, med, om, over, paa, til, ved*, while the English in such connection use the preposition *of*, as: *begjærlig* EFTER *Penge*, covetous *of* money.

Such is the case with the following:

agtsom paa, aware of,
bange for, afraid of, fearful of, shy of,
begjærlig efter, covetous of, eager of,
blottet for, bare of, destitute of,
fastholdende ved, tenacious of,
forelsket i, enamored of,
frugtbar paa, fertile of,
glad over, glad of,
indtagen i, fond of,
istand til, capable of,
længselsfuld efter, desirous of,
misundelig paa, (*over*), envious of, jealous of,
omhyggelig med, careful of,
opmærksom paa, watchful of,
skamfuld over, ashamed of,
skjödeslös med, negligent of,
skyldig i, guilty of,
tom paa, empty of, void of,
ubekymret om, fearless of, careless of,
uskyldig i, innocent of,
utaalmodig over, impatient of,
uvidende om, ignorant of,
vis paa, certain of,
ærgjerrig efter, ambitious of.

3. OF THE PRONOUNS.

§ 44. When a personal pronoun comes immediately after *det er*, it is, the *objective* case is used, as: *Det er mig, Dig, ham, hende, os, Eder, dem*, It is I, thou, he, she, we, you, they.

§ 45. The personal pronoun *det* is often used, when the English use *so*, as: *Hvo fortalte Dig* DET? who told you *so?*

§ 46. The relative pronoun *som* does not take any preposition *before* it, but a preposition may be put after it, at the end of the sentence, as: *Han er en Mand* SOM *Du kan stole* PAA, he is a man *on whom* you may rely.

§ 47. The relative pronoun *der* is used only as the Subject of a proposition, as: *Det er et snildt Barn*, DER *opförer sig vel*, it is a nice child, which behaves well.

4. OF THE VERBS.

§ 48. Some Verbs take Nouns after them, connected by the prepositions *for* or *om*, while the English in such connection use the preposition *of*, as: *anklage en for Lögn*, accuse one *of* falsehood.

Such is the case with the following:

advare om, warn of,
anklage for, accuse of, impeach of, traduce of,
bedrage for, cheat of, defraud of,
befri for, ease of, rid of,
frikjende for, acquit of,
helbrede for, cure of,
lette for, lighten of,
minde om, admonish of, remind of,
mistænke for, suspect of,
overbevise om, convince of, convict of,
rense for, clear of,
underrette om, apprise of, advise of, inform of,

§ 49. The Present *Infinitive* is used after prepositions, where the English use the Present *Participle*, as: *Han ernærer sig* VED AT SAVE *Ved*, he supports himself *by sawing* wood. *Hun blev bange* VED AT HÖRE *Larmen*, she was afraid *at hearing* the alarm.

REMARKS ON SPELLING. 43

REMARKS ON SPELLING. — While conversing with Americans about the Norwegian-Danish language, I have heard them complain of the many *long* words and the many *consonants* put together in divers words, as: Enevo*lds*magt, Förin*gss*kib, La*nds*fader, La*nds*mand, Ugjernin*gsm*and. To obviate this complaint in regard to the Compound Nouns and make the reading of them more easy to Americans, I have divided them — when composed of two *Nouns* — into their component elements by means of a hyphen, although the practice of writing the compounded words connectedly now prevails in Norwegian-Danish.

The so-called *silent e* I have not used, except in cases where it might serve the student as a help to distinguish various words, which often are spelled alike but have nothing else in common, as: *en*, an ; *ene*, one ; — *faa*, few ; *faae*, to get ; — *for*, for ; *foer*, past tense of *fare*, to start ; — *naar*, when ; *naaer*, Present of *naa*, to reach; — *var*, was ; *vaer*, aware; — *ved*, by ; *veed*, Present of *vide*, to know.

IDIOMS.

Han har en poetisk *Aare*,	He has some *talent* for poetry.
Fra Morgen til *Aften*,	From morning till *night*.
Han trykker *Almanakker*,	He is telling *stories*.
Det *angaar ikke* Dem,	It is *none of your business*.
Han reiser med *Apostlernes Heste*,	He is traveling *on foot*.
Fra *Arilds* Tid,	From time *immemorial*.
At före En *bag Lyset*,	To *deceive* a person.
Han har mange Aar paa *Bagen*,	He is *well stricken* in years.
Han satte sig paa *Bagbenene*,	He proved *refractory*.
At *barbere* En,	To *cheat* one.
At gaa i *Barndommen*,	To be in his *dotage*.
Han har *Ben i Panden*,	He is *sharp*.
Han tog *Benene paa Nakken*,	He took *to his heels*.
Han vil *besöge* Dem,	He will *call upon* you.
At *bide* En *af*	To *snub* one.
Han sætter mig *Blaar* i Öinene,	He throws *dust* in my eyes.
Bladet har vendt sig,	*The tables* are turned.
At tage *Bladet fra Munden*,	To *speak out*.
Han trak *blank*,	He drew *his sword*.
Han spænder *Buen* for höit,	He *aims* too high.
At være i *bundlös* Gjæld,	To be *deeply* in debt.

At *bære Nag* til En, — To *have a grudge against* one.
Han har traadt sine *Börnesko*, He is no *chicken*.

Han vil ikke være *Dreng* for Dig, He will not be your *fag*.
Prædike for *döve Ören*, To preach *to the wind*.

Han sætter Huset paa *Ende*, He turns the house *out of the window*.
En *erkedum Streg*, A *great piece of folly*.

At *faae* En *til at* le, græde, To *make* one laugh, cry.
Hun *faldt i Afmagt*, She *fainted* away.
Han er *falden paa* at gifte sig, He has *taken it into his head* to marry.
At *fare med* Usandhed, To *tell* stories.
Lade *Fem være lige*, To care *about nothing*.
Ikke være ved sine *fulde Fem*, Not to be in the *right senses*.
Saa frisk som en *Fisk*, As sound as a *roach*.
Jeg maa först *blive færdig*, I shall *have done* first.
Af *förste Skuffe*, Of the *best quality*.

Lade Naade *gaa for* Ret, To *temper* justice *with* mercy
Jeg kan ikke *gaa ind paa* det, I cannot *accede to* this.
I fuld *Galop*, *Whip and spur*.
Hvor *gjælder Reisen*, Whither *are you going*.
At give Fienden det *glatte Lag*, To give the enemy a *broadside*.

46 IDIOMS.

Han vil slaa det i *Glemme-bogen*,	He will consign it to *oblivion*.
Blive *Græs-rytter*,	To be *unhorsed*.
Bide i *Græsset*,	To bite *the dust*.
Han lover *Guld og grönne Skove*,	He promises *wonders*.
Sætte *Guld-laas for Munden* paa En,	To *bribe a* man.
I en *Haande-vending*,	In a *trice*.
Over *Hals* og *Hoved*,	Over *head* and *ears*.
At stryge Noget over med en *Hare-fod*,	To do a thing *carelessly*.
At *have Uret*,	To *be wrong*.
Hel og *holden*,	*Safe* and *sound*.
Han *hilser paa* dem,	He *bows to* you.
At *holde for* ved enhver Leilighed,	To *be the scapegoat* on every occasion.
Han *holder Stand* mod Ulykken,	He *bears up* against misfortune.
De var *hos mig* igaar,	You *called at my house* yesterday.
Gjöre sine *Hoser grönne*,	To *curry favor*.
At lade En Noget *höre*,	To *cast in* one's *teeth*.
At gjöre *Kaal paa* Noget,	To *destroy* something.
Hun *kan* det paa sine Fingre,	She *has it* at her fingers' ends.
Slaa *klik*,	To miss fire.
At komme ud af *Klemmen*,	To get out of the *scrape*.
Det er Alt *klappet og klart*,	It is *all right*.

IDIOMS.

Komme bag paa En,	To *steal* upon one.
At give *kort Besked*,	To cut *the matter short*.
Han er i *Kost der*,	He *boards* at that house.
Krage-tæer,	A *bad handwriting*.
Være i *Kridt-huset*,	To be *the favorite of* one.
Hun gav ham *Kurven*,	She gave him *the mitten*.
Det *lakker ad* Aften,	Evening is *drawing near*.
At faa en *lang Næse*,	To be *disappointed*.
Hun har *lange Fingre*,	She is *pilfering*.
At give En *lige for lige*,	To pay one *back in his own coin*.
At *ligge for Döden*,	To *be at death's door*.
Han har ingen Ære i *Livet*,	He is *utterly devoid of* honor.
Han vil Dig til *Livs*,	He wants to *pick a quarrel with* you.
Det er *lovlig* varmt,	It is *rather* hot.
Lykke paa Reisen,	A *pleasant* journey.
Paa *Lykke og Fromme*,	At *random*.
At *lyse* Velsignelsen,	To *pronounce* the benediction.
Indtil den *lyse Dag*,	Till *broad daylight*.
Jeg *lægger* mit Brev sammen,	I *fold up* my letter.
At *læse tilbords*,	To say grace.
Det er ikke at *löbe til*,	It is not to *be done in a hurry*.
Hesten *löb lybsk*,	The horse *ran away*.
At *löse* en Knude,	To *untie* a knot.
Han er *Mand for*,	He is *capable of*.
Frisk *Mod*,	Cheer up.

Det *modsætter* jeg mig, — I *object* to that.
Mon han lever endnu, — *I wonder* if he is still alive.
At spille for *Morskab*, — To play for *love*.
At gjöre en *Myg til en Elephant*, — To make *mountains of molehills*.

At overgive sig paa *Naade og Unaade*, — To surrender *at discretion*.
Jeg kjender hans *Natur*, — I know his *humor*.
At lukke Dören for *Næsen* af En, — To shut the door in one's *face*.
Det har ingen *Nöd*, — No *fear* of that.

At gyde *Olie* i Ilden, — To add *fuel* to the flames.
Jeg vil gjöre Dem min *Opvartning*, — I will *wait* on you.

Paa Norsk, — *In* Norwegian.
Langt *paa* Dagen, — Late *in* the morning.
At være vred *paa* En, — To be angry *with* one.
At gaa *paa* Jagt, — To go *a* hunting.
Skyde *Papegöien*, — To *be lucky*.
At *passe sig selv*, — To *mind his own business*.
At gifte sig *Penge* til, — To marry a *fortune*.
Stiv som en *Pind*, — Stiff as a *poker*.
Plads der! — Make *way!*
Pölse-snak, — *Balderdash*.

Tre Dage *i Rad*, — Three days *running*.
Holde ren *Mund*, — To keep a *secret*.
Haarene *reiste sig paa hans Hoved*, — His hair *stood on end*.

Rub og Stub, Bag and baggage.
Han har en *Ræv bag Öret*, He is a *sly fellow*.

At *seile med* Dampskibet, To *go by* the steamer.
Det er kun til at *se paa*, It is only *for show*.
Hvor han *skaber sig*, What a *fool he makes of himself*.
Det er stor *Skade*, It is a *thousand pities*.
Dig *sker* Din Ret, It *serves* you right.
Han eier ikke en *Skilling*, He is not worth a *farthing*.
At holde sig i *Skindet*, To keep *quiet*.
Tre *Skridt* fra Livet, Keep your *distance*.
At have en *Skrue* lös, To be *crackbrained*.
At *skyde Gjenvei*, To *make a short cut*.
At *skyde skarpt*, To *fire with ball and shot*.
At *slaa sig til* Drik, To *take to* drinking.
De maa *slaa* Noget *af*, You must *lower* your price.
At *slaa stort paa*, To *cut a great dash*.
Man taler saa *smaat om*, It is *whispered*.
At sætte *Smag* paa, To give a *flavor*.
At *smöre En om Munden*, To *amuse one with fair words*.
At *smöre Haser*, To *take to one's heels*.
Han *snakker op ad Vægge, ned ad Stolper*, He *talks nonsense*.
Han er kommen paa det sorte *Bræt*, He is fallen *into disgrace*.
At byde En *Spidsen*, To make *head against* one.
Han *spidsede* Ören, He *pricked up* his ears.
At *spille* Bankerot, To *fail*.
Skibet *sprang i Luften*, The ship *blew up*.

IDIOMS.

De ere paa *spændt Fod*,	There is a *coolness* between them.
Det vil snart *spörges*,	It will soon *take wind*.
At *staa* i Anseelse,	To *enjoy* consideration.
Paa *staaende Fod*,	*Off hand*.
At holde En *Stangen*,	To *cope with* one.
At falde i *Staver*,	To be struck *with astonishment*.
At *stikke* Hovederne sammen,	To *lay* heads together.
At lade En i *Stikken*,	To leave one in *the lurch*.
Han lever paa en *stor Fod*,	He lives in *grand style*.
Han kan ikke *styre sig*,	He cannot *keep his temper*.
Han *styrter sig* i Gjæld,	He *runs* into debt.
Det *svarer ikke til* min Forventning,	It *falls short of* my expectation.
Det *svier i hans Pung*,	He *must smart for it*.
Sætte En *et x for et u*,	To *deceive* one.
At drive for *Takkel og Toug*,	To scud *under bare poles*.
At faae Skam *til* Tak,	To get blame *instead* of thanks.
At have *to Udveie*,	To have *two strings to one's bow*.
Jeg er ham en *Torn i Öinene*,	I am an *eyesore* to him.
Uveiret *trak* over,	The storm *blew* over.
Hans *Tænder* löbe i Vand,	His *mouth* waters.
Ud med Sproget!	*Speak out!*

IDIOMS. 51

Saa vil 101 være *ude*,	Then *there will be a great trouble*.
At lære *udenad*,	To learn *by heart*.
Den hele *udslagne* Dag,	The *livelong* day.
En *underlig* En,	An *odd fish*.
At komme under *Veir* med Noget,	To get the *scent* of anything.
Hvad *i al Verden* vil han?	What *in the name of wonder* does he want?
Gaa *videre!*	Go *on!*
Vidt og bredt,	*Far and wide.*
Den ene *Villighed* er den anden værd,	One *good turn* deserves another.
At slaa Noget hen i *Vind og Veir,*	To *make light* of a thing.
En *vis* Mand,	Mr. *such an one.*
At sætte En en *Vox-næse* paa,	To *deceive* one.
Lad *være!*	*Leave off!*
Give En et *Ögenavn,*	To call one *names.*
At gaa En under *Öine,*	To *flatter* a person.
At finde Naade for Ens *Öine,*	To find favor in one's *sight.*
Han holder *Örene* stive.	He keeps up *his courage.*

PROVERBS.

At spare paa Skillingen og lade Daleren gaa,	To be penny wise and pound foolish.
At have en Höne at plukke med En,	To have a crow to pick with one.
Borrig skaffer Sorrig,	He that goes borrowing, goes sorrowing.
Den, der kommer först til Mölle, faaer först malet,	First come, first served.
Den, som ler sidst, ler bedst,	Better the last smile, than the first laugh.
Drukken Mand taler af Hjertens Grund,	What soberness conceals, drunkenness reveals.
En Fugl i Haanden er bedre end ti i Luften,	A bird in the hand is worth two in the bush.
Han bærer Kappen paa begge Skuldre,	He wears two faces under one hood.
Han har sin Næse allevegne,	He pokes his nose into every corner.
Krage söger Mage,	Birds of a feather flock together.
Liden Tue vælter stort Læs,	Little strokes fell great oaks.
Liden Draabe huler en Sten,	Small rain lays a great dust.
Mange Bække smaa gjör en stor Aa,	Many a little makes a mickle.
Mennesket spaar, Gud raader,	Man proposes, God disposes.

Naar Katten er borte, springer Musen paa Bordet,	When the cat is away, the mice will play.
Nöd bryder all Love,	Necessity has no law.
Saa mange Hoveder, saa mange Sind,	Many men, many minds.
Som Herren, saa Tjeneren,	Like master, like servant.
Som man saar, skal man höste,	Do well, and have well.
Stormænd og Narre have frit Sprog,	Lords and fools may speak freely.
Udaf Syne, udaf Sind,	Out of sight, out of mind.
Vel begyndt er halv fuldendt,	Well begun is half done.

READER.

I. HISTORICAL SKETCHES AND TALES.

1. Norge for 1000 Aar siden.
(*Norway a Thousand Years ago.*)

I Aaret 863 efter Christum fulgte Harald sin Fader Halfdan Svarte som Konge over den sydostlige Del af Norge. De vestlige og nordre Dele vare styrede af en Mængde Smaakonger, af hvilke enhver var uafhængig inden sit District. Efter hvad Snorre Sturlesons Sagaer fortælle, vilde Harald rimeligvis have været tilfreds med sin Del af Landet, hvis han ikke var bleven forelsket i en Prindsesse ved Navn Gyda. Han skikkede Sendebud til hendes Fader for at begjære hende til Ægte; men hun svarede, at hun ikke vilde kaste sig selv bort ved at gifte sig med en Konge, som herskede kun over nogle faa Districter. "Det er underligt," sagde hun, "at ingen Konge i Norge vil underlægge sig det hele Land, saaledes som Kong Gorm i Danmark og Kong Erik i Upsal have gjort. Sig Kong Harald disse mine Ord: Jeg vil kun paa den Betinglse blive hans Hustru, at han först underlægger sig hele Norge; thi kun da kan han kaldes Konge over et Folk."

Da Sendebudene kom tilbage til Kong Harald og

sagde ham Prindsessens Svar, udbröd han: "Hun har mindet mig om Noget, som det forundrer mig, at jeg ikke för har tænkt paa. Og nu gjör jeg et höitideligt Löfte, at jeg ikke vil klippe mit Haar, för jeg har underkastet mig hele Norge, eller er falden under Forsöget derpaa." Saa samlede han sin Hær, gik over Dovre og erobrede Districterne omkring Throndhjem. Derpaa gik han imod Kongerne paa Vest-kysten. Efter mange Slag lykkedes det ham endelig i Aaret 872 at knække de forenede Smaakongers Magt i Slaget ved Hafursfjord; han blev saaledes Enekonge i Norge. Han paalagde da Land-eierne nye Tyngsler og fordrede af dem, at de skulde gjöre ham Tjeneste, saaledes som Skik var i andre europæiske Lande. Nordmændene, som elskede deres Frihed höit, bleve herover meget misfornöiede, og en stor Mængde af dem forlod med Familie og Gods Landet. De fleste droge til Island, som dengang var ubeboet; Andre til Orken-, Shetlands- og Fær-Öerne. Saaledes bleve disse öde Egne Bostedet for kjekke og stolte norske Familier.

Det er en mærkelig Kjendsgjerning, at Islænderne, efter saaledes at have skiftet Hjem-land, viste sig helt forskjellige fra de andre norske Emigranter. Hine bleve nemlig fremragende i Handel og Lærdom; de forfattede mange af Sagaerne, og blandt dem fandtes de fleste af de Skjalde, der holdtes saa höit i Ære ved de nordeuropæiske Hoffer. De bevarede ogsaa deres Fædres Sömands-dygtighed, hvorved de i Tidens Löb opdagede Grönland og Nord-amerika. Indvaanerne paa Orken- og Shetlands-Öerne derimod vare meget hengivne til Vikinge-tog eller Sö-röveri og plyndrede endog paa

Norges Kyster. Kong Harald blev forbittret herover
og seilede med mange Skibe til Orken- og Shetlands-
Öerne, hvor han anrettede et stort Nederlag blandt Vi-
kingerne. Senere udgav han en Lov, hvorved han satte
strenge Straffe for Sö-röveri paa Norges Kyster. Rolf,
en Sön af Ragnvald Jarl paa Söndmöre, plyndrede ikke-
destomindre paa Norges sydvestlige Kyst. Kong Harald
jog ham derfor i Land-flygtighed. Han drog da til
Frankrig, hvor han i Aaret 911 blev Hertug af Nor-
mandi; fra ham nedstammede Wilhelm Erobreren.

Da Kong Harald var bleven Enekonge i Norge, lod
han sit Haar klippe og fik nu, paa Grund af sit rige
Haar, Tilnavnet Haarfager. Nu skikkede han Sende-
bud til den stolte Gyda for at minde hende om hendes
Löfte. Hun fulgte da tilbage med dem og blev hans
Dronning. Harald havde mange Sönner. Nogle af
disse udrustede Skibe og strög om paa Havet efter Byt-
te; især hærjede de Skotland og Irland. En of dem
var en Tid Konge i Dublin, men blev tilsidst dræbt af
Irlænderne.

Den yngste af Haralds Sönner var Hakon, som i Aa-
ret 938—to Aar efter sin Faders Död—blev Konge af
Norge; han var den förste christne Konge i dette Land.
Hakon var christnet i England ved den anglo-saxiske
Konge Athelstan, til hvem hans Fader havde sendt
ham. Der blev han opdragen og opholdt sig der,
indtil Nordmændene kaldte ham til at blive deres Kon-
ge istedetfor den ældre Broder, Erik, som de fordreve
paa Grund af hans Grusomhed.

Kong Harald Haarfager döde Aar 936 paa Karmöen,
Syd for Bergen, og blev begraven der i en Grav-houg,

hvorpaa nu i 1872, et Tusind Aar efter Norges Forening
under een Konge, et stort Mindes-mærke er opreist.

2. NORGES KONGER.
(*The Kings of Norway.*)

Harald Haarfager samled' det hele Rige,
Smaakongerne maatte paa Jarle-stol stige.

Erik Blodöxe blev for sin Grumhed forjagt,
Fik saa i England en Jarls Magt.

Haakon den Gode bygged' först Kirker op,
Og vake Varder paa Fjeldets Top.

Harald Graafeld ligned' Erik i Sind,
Han brændte Sigurd Hlade-jarl ind.

Haakon Jarl af Magten blev grum og haard,
Ham dræbte Træl Karker i Thoras Gaard.

Olaf Trygvesön christned' med Ild og Ord,
I Svolder-slaget han sprang overbord.

Erik og Svein Jarler, af Hlade-Æt,
De skiftede Landet og Hvermand Ret.

Hellig Olaf christned' med blodig Daab,
Ved Stiklestad faldt han for Böndernes Hob.

Svein Knutsön, en Sön af den danske Kong Knut,
Ved Rænker kom ind og ved Flugten kom ud.

Magnus den Gode har Navnet fortjent;
Han Danmark fik ved Testament.

3*

Harald Haardraade, Helten berömt fra Syd,
Sin Bane fik af engelske Spyd.

Olaf Kyrre anlagde Bergens By,
Hans Fredsomhed gav ham velsignet Ry.

Magnus Barfod feided' i Vesterhav,
I Irlands Myrer han fandt sin Grav.

Eystein Magnussön, kyndig i Landets Lov,
Han satte Sværdet bag Bondens Plov.

Sigurd Jorsalafar kjæmped' i Jöde-land,
Hans Sind var heftigt som Ilde-brand.

Magnus Blinde, den Stakkel, blev blind fört om
Af *Sigurd Slembedegn* i sin Kongedom.

Harald Gille beviste ved Jernbyrd sin Ret;
Han handlede ilde; det gik ham slet.

Sigurd Mund fik Döden imellem Hærde,
Af Borger-krigens lösslupne Sværde.

Inge Krokryg foer ivrig med Dagsön omkring,
Fra Val-plads til Val-plads, fra Thing til Thing.

Eystein Haraldsön var mere hidsig end klog,
Haakon Hærdebred sloges i Steinavaag.

Magnus Erlingsön, gamle Jarl Skakkes Sön,
Han drukned' i Slaget i Sognesjön.

Sverre Sigurdsön alle de Fiender vog,
Som vilde standse hans Birkebeins-tog.

Han kunde Latin, var viet til Præst.
Naar værst det syntes, det gik ham bedst.

Haakon Sverresön styred' kun tvende Aar,
Guttorm Sigurdsön döde midt i sin Vaar.

Inge Baardsön gav vel Baglerne Fred;
Dog syntes de ikke at trives derved.

Haakon Haakonsön, Gamle, fik Krigen forbi;
Nu satte Birkebein hen sine Ski.

Med Baglen han talte om gamle Slag;
Nu blomstred' Norge i Glands og Mag.

Magnus Lagaböter fik Lovene bedre;
Erik Præstehader kjemped' med Kirkens Fædre.

Haakon Magnussön styrede Norrige godt,
Holdt prægtigt Hof paa Akershus Slot.

Magnus Smek, som Sverige ogsaa adlöd,—
I hans Tid raste den sorte Död.

Haakon den Sjette med danske *Margrethe* sig gifted'
Hun alle tre Rigers Forening stifted'.

Ung *Olaf* han döde—man veed ei hvoraf;
Foreningen stiftedes over hans Grav.

Med *Margrete* og *Erik, Kristoffer, Karl Bonde,*
Begyndte ret Tider saa mörke og onde.

Med *Kristian den Förste* kom Oldenborgs Æt,
Tidt skifted' den Norge kun Stedbroders Ret.

Kong *Hans* var for Dansken en kjerkommen Herre,
Men Norge han skjötted' kun ilde, desværre!

En Blod-mand var Sönnen Kong *Kristian den Anden*,
Men elsket han var dog af Almues-manden.

Om *Fredrik den Förste* er lidet at sige;
Han stred med sin Bro'rsön om Krone og Rige.

Vel prises det skal, at den lutherske Lære
Af *Kristian den Tredie* blev tagen i Ære;

Men höit skal det lastes, at Trædskhed han öved',
Og Norge dets ældgamle Frihed beröved'.

Med *Fredrik den Anden* kom blodige Dage,
I Krigen med Sverig,— en syvaarig Plage.

Blandt alle de Konger af Oldenborgs-stammen,
Var *Kristian den Fjerde* vor Hæder og Gammen.

Han Berg-værker grunded', og Byer han bygged',
Og Handel og Skibsfart han kraftigt omskygged'

Med Sverig han kjæmped' og det som en Mand,
Men — Herjedal tabtes med Jæmteland.

Da *Fredrik den Tredie* fik Enevolds-vældet,
Blev rigtignok Adelens Overmod fældet;

Men lidt kun det Folk har at prise sin Lykke,
Som föie sig maa efter Enkeltmands Tykke.

Kong *Kristian den Femte* var Tydsk uden Ende;
Dog har han os Lov-bogen givet ihænde.

I *Fredrik den Fjerdes* urolige Dage,
Man hörte som oftest Kanonerne brage.

I Sverig de Karl den Tolvte beundred';
I Norge var Tordenskjold Helten, som dundred'.

Da *Kristian den Sjette* var kommen paa Thronen,
Blev Kirken velsignet med Konfirmationen.

Kong *Fredrik den Femte* vi ikke bör glemme:
Han elskede Kunsten og Videnskabs Fremme,

Kun lidt er om *Syvende Kristian* at sige:
Prinds Fredrik, hans Sön, maatte styre hans Rige,

Som Konge han nævnedes *Fredrik den Sjette*,
Om ham skal det siges: han vilde det Rette.

Dog gik det ham daarligt; han lod sig beklippe,
Og maatte, skjöndt nödigt, sit Norrige slippe.

Atten hundred og fjorten det Tvangen blev kvit,
Forenet med Sverig, selvstændigt og frit.

Saa triv'des det godt under *Karl Johan*,
Hvem Norge i Sandhed ei fuldtakke kan.

Hans Sön var Kong *Oskar*, den Lands-fader god,
For "Sandhed og Ret" i hans Skjold-mærke stod.

Ham fulgte Kong *Karl;* under ham er vi trygge,
Hans Ord er: "Med Lov skal man Landene bygge."

3. GANGE - ROLF.
(Rollo of Normandy).

Rolf, Sön af Ragnvald Jarl paa Söndmöre, var saa svær, at ingen Hest kunde bære ham; han matte da gaa, og derfor kaldtes han Gange-Rolf. Han drog tidligt ud paa Vikinge-tog. Saaledes som ovenfor er fortalt, plyndrede han engang paa Norges Kyster og blev derfor af Kong Harald Haarfager tvungen til at forlade Landet. Han reiste da med sit Fölge mange Aar i Viking og hærjede i England, Holland og Frankrige. Paa den Tid var Karl den Enfoldige Konge i Frankrige; han fandt det bedst at holde Fred med Rolf, og böd ham Venskab og et stort Stykke af sit Rige. Rolf gik ind herpaa, tog den kristne Tro og blev den franske Konges Jarl (i Aaret 911). Efter Skikken der i Landet skulde Rolf nu kysse Kongens Fod: men det sagde han rentud, at han aldrig vilde gjöre. For dog at være rimelig, böd han en af sine Hird-mænd at kysse Kongens Fod, og denne greb da fat i Foden og löftede den op til sin Mund, saa at Kongen faldt baglænds, og stor Latter opstod. Rolfs Jarledömme blev kaldet Normandi, og dets Hoved-stad var Rouen. Det norske Sprog blev ikke længe talt i Normandiet; det var kun faa af Nordmændene, der havde Hustruer med, og da de siden toge Landets Kvinder tilægte, blev det franske Sprog Börnenes Moders-maal. Men Nordmændenes Sands for Saga-væsen og Skalde-kunst havde Normannerne arvet, og de vare de förste, som skreve Sagaer og kvædede i det franske Sprog. Normannerne grundede siden et Rige i Neapel og Sicilien, og i Aaret 1066 erobrede de England under Anförsel af Ganger-Rolfs Ætling, Wilhelm Erobreren.

4. Islands Opdagelse.

(*The Discovery of Iceland*).

Den förste Opdagelse af dette mærkelige Land skyldes et Tilfælde. Nogle Folk skulde seile fra Norge til Færöerne men toge Feil af Kursen og kom for langt ud mod Nord-vest. Saaledes kom de til at lande ved Island, som de dog snart igjen forlode, og kaldte det Sneland, da Fjeld-toppene ved deres Afreise vare bedækkede med Sne. En svensk Mand, Gardar, drog siden derhen for at undersöge det, blev der en Vinter og kaldte Öen Gardarsholm. Endelig drog Vikingen Floke Vilgerdssön afsted fra Norge. Da han laa i Smörsund ved Udlöbet af Böml-fjorden, gjorde han et stort Offer og helligede tre Ravne, der skulde vise ham Veien. Han lagde Veien over Hetland og Færöerne. Da han kom længere ud i Havet, slap han den förste Ravn, men den kom strax tilbage. Derpaa lod han den anden flyve, og den satte tilveirs; den tredie flöi foran Skibet indtil Landet var fundet. Floke, som efter disse Ravne fik Navnet Ravne-Floke, undersögte nu Öen nöie og seilede næsten rundtom det hele Land. Ud paa Sommeren vendte han tilbage til Norge, men havde ved Hjemkomsten meget at udsætte paa Landet, der slet ikke behagede ham. Derimod havde han to Ledsagere, af hvilke den ene, Herjolf, sagde baade godt og ondt om Landet; den anden, Thorolf, roste det saa overdrevent, at han endog paastod, at der dryppede Smör af hvert Straa. Derfor kaldte man ham Thorolf Smör.

Den förste, som bosatte sig paa Island, var Ingolf, en rask og dygtig Mand fra Söndfjord, der tilligemed sin Fætter Leif en Tidlang laa ude paa Tog og vandt stor

Berömmelse. I Söndfjord herskede dengang som Statholder den gamle Atle Jarl, der i Kongens Navn ogsaa raadede for Sogn og var en mægtig Mand, hvem det ikke var godt at lægge sig ud med. Ingolf havde en deilig Söster ved Navn Helga, og hun og Leif elskede hinanden. Men Holmstein, Atles Sön, svor i et Julegilde at han vilde have Helga tilægte. Leif rödmede, men sagde Intet; dog om Vaaren, da han og Ingolf havde lagt ud med sine Skibe, og Atles Sönner ligeledes skulde ud paa Tog, kjæmpede de paa Liv og Död, og Holmstein faldt. Ingolf og Leif fortsatte Toget og kom hjem igjen om Vinteren; da vilde Holmsteins Broder overfalde dem, men blev selv dræbt. Ingolfs og Leifs Stilling var nu meget farlig; thi den mægtige Jarl, hvis Sönner de havde dræbt, fordrede Böder og truede dem med Hevn. De maatte finde sig i at give Slip paa sine Fædrene-gaarde, og besluttede nu i Aaret 874 at opsöge Island for at bosætte sig der. Först gjorde dog Leif et Tog til Irland, efterat have ægtet den skjönne Helga; paa dette Tog vandt han store Rigdomme, et prægtigt Sværd og ti Fanger, der maatte tjene ham som Trælle. För Afreisen gjorde Ingolf et stort Offer til Guderne for at erfare sin Skjebne. Svaret löd, som han troede, at Island skulde vorde hans Fremtids Hjem. Leif vilde hverken deltage i dette eller noget andet Offer.

Paa Overfarten havde hver af Svogrene sit Skib, og de holdt sammen, indtil de fik Öie paa Island; da skiltes de ad. Ingolf havde medbragt de to Stolper, der hjemme i Norge havde staaet paa hver sin Side af hans Höisæde. Disse Stolper vare udskaarne som Gude-billeder og betragtedes som Familiens Helligdom. Ingolf besluttede

THE DISCOVERY OF ICELAND. 65

at lade det komme an paa dem, hvor han skulde opslaa sin Bolig i Landet. Han kastede dem ud i Havet med de Ord, at han vilde anse det Sted, hvor de drev iland, for at være ham af Guderne selv anvist som Ophold-sted. Denne Skik fulgte siden de fleste andre Nybyggere. Ingolf landede ved de vilde Fjeld-pynter österpaa, hvor neppe nogen Havn var at finde, og hvor der altsaa neppe var noget blivende Sted. Her var heller ingen Höisæde-stolper at se, og han sendte derfor to af sine Trælle vestover langs Kysten for at lede efter dem. Da de kom nogle Mile længere mod Vest, fandt de Leifs Lig. Hans usle Trælle havde dræbt ham, ranet hans Gods, og med dette og hans Kone flygtet over til de nærliggende Öer, som efter dem har faaet Navn af Vestmannöerne. Ingolfs Trælle vendte om og fortalte sin Herre den sörgelige Efterretning. Han skyndte sig hen til Stedet, lod Leif lægge i Haug og seilede derpaa ud til Öerne, som han fra en Fjeld-knat kunde öine. Her fandt han Ugjernings-mændene, som fik sin fortjente Straf; siden fortsatte han sin Vei vestover; men först det tredie Aar efter hans Ankomst bleve hans Höisæde-stolper fundne ved Reykjarvik, i mange Miles Afstand fra det Sted, hvor han havde kastet dem ud. Her byggede han sig Hus, og Stolperne bleve satte ved Höisædet. Han var den navnkundigste og mest ansete blandt alle Nybyggerne, og hans Gaard Reykjarvik er nu bleven til en By, den eneste der nogenlunde kan fortjene dette Navn paa Island. Ingolfs Sönnesön, Thorkel Maane, var en udmærket Mand. Uagtet han ikke var Christen, og Christendommen ikke engang var kommen til Island, förte han dog det dydigste Levnet, og da han kjendte, at Döden nærmede sig, lod han sig bære ud i Sol-skinnet og bad den Gud, der havde skabt Solen, modtage hans Sjel.

5. NORDMÆNDENES OPDAGELSE AF AMERIKA.
(*The Discovery of America by the Northmen*).

Den förste Opdagelse af Amerika skyldes, ifölge Sagaerne, forskjellige Nordmænd, som uafhængigt af hverandre fandt Veien til dette Land. *Are Marsön*, en islandsk Hövding, kom, saa fortælles der, omtrent Aar 982 til "Store Irland" eller "Hvit-Mannar Land," (Kysten mellem Potomac og Florida); *Bjarne Herjulfsön* blev under en Reise fra Island til Grönland, omkring Aar 1000, af Storm dreven til Kysten af Lille-Hellu-land, (New Foundland); *Leif Eriksön*, *Thorvald Eriksön*, *Thorfinn Karlsefne* og *Freydiis Eriksdatter* med talrige Fölger opholdt sig 1001—8 i længere Tids-rum i Vinland (New England Staterne); endelig kom *Björn Asbrandsön* omtrent Aar 1000 fra Island til Florida, hvor han blev en Hövding blandt de Indfödte.

Det er sandsynligt, at Islænderne ikke vare de oprindelige Opdagere, men at de havde modaget sin förste Underretning fra Irland. Mellem Irland og Amerika har der i Urtiden været Samkvem og, ligesom det er erkjendt, at det celtiske (irsk-skotske) Element af Islands Befolkning har havt Indflydelse paa dets Sagaer og Digte, saaledes er det rimeligt, at Irlænderne först have bragt til Island Efterretningen om "Store Irland."

—Saameget er almindelig erkjendt: *at* Nordmændene fra Norge, Island og Grönland, i Tids-rummet fra omtrent Aar 1000 og til. Midten af det 14de Aarhundrede, besögte det amerikanske Fastland, at i Aaret 1121 en katholsk Biskop, Erik, drog fra Grönland til Vinland for at omvende de derværende Hedninger; at Norges Konge, Erik Magnussön, i Tids-rummet 1285—95 understöttede en Mand ved Navn Finde-Rolf i at oprette en Coloni paa New Foundland, og endelig, at den sidste Efterretning om directe Forbindelse mellem Nordmændene paa begge Sider af Oceanet er fra Aaret 1347, da et Skib vides at have seilet fra *Markland*, (Nova Scotia) til Norge og paa Veien passeret Island.

De politiske Forviklinger og en Pest, kaldet "Den sorte Död," i Midten af det 14de Aarhundrede, hærjede baade Norge og Island saaledes, at störstedelen af deres udenlandske Handel blev ödelagt, og deres Forbindelser med Landene hinsides Atlanterhavet aldeles afbrudte.

Skjöndt det saaledes er vist nok, at Nordmændene have kjendt Amerika længe för Columbus, er det derimod ikke sikkert, hvilken Udstrækning deres Opdagelser der havde. Det maa fra deres Beskrivelse af Landet sluttes, at de have naaet dets tempererede Egne; det er derhos almindelig antaget, at de have været saa langt ned som til St. Augustin i Florida. Deres Undersögelser gik ogsaa langt mod Nord, og i 1135 reiste de en Varde med Rune-indskrift paa Vest-kysten af Grönland, 73° 55′ nordlig Bredde. I nordvestlig Retning kom de til Lancaster-Sund.

Hverken Sagaer eller Mindes-mærker give tilstrækklig Underretning om Antallet af de Nordmænd, som nedsatte sig paa Amerikas Kyst.

Christoffer Columbus besögte i Aaret 1477 Island; han kom did for at faae nöiagtig Underretning om Islændernes Opdagelser i Vesten. Der ere overveiende Grunde for at tro, at han benyttede den der erholdte Underretning om Atlanterhavets Bredde, da han udtænkte Planen for sin förste Reise fra Spanien til Amerika.

Ogsaa Sebastian Cabot, som i Aaret 1495 drev Handel paa Island, fik der den Kundskab, som gav ham Grund-ideen for hans senere Reiser til Nordvest-Passagens Opdagelse.

6, En Vise om Hellig Olaf.
(*A Legend about St. Olaf*).

Hellig Olaf stod ved Fjorden med sin Hær,—
  Pintsefesten var for Haanden;
Alskens Löv og Blomster artede sig der
  Fagert under Folgefonden,
Kongens Drage laa og speiled' sig ved Strand,
Bispen stod med Korset paa den hvide Sand,
    Kongens Kjæmpe-rad
    Laa paa Knæ og bad,
  Og der gik dem Lyn i Aanden.

Hellig Olafs Aasyn skinned' som en Sol,
  Klar sad Kronen ham om Panden;
Mens han knæled' laa hans rige Purpur-kjol
  Som et Teppe over Sanden.
Her han vilde atter i en stakket Frist
Bygge Kirke til den stærke Herre Christ;
    Alt fra Pintsedag
    Skulde fra dens Tag
  Korset lyse over Stranden.

Og da Værket nu var helliget med Bön,
　　Mured' hver en Kjæmpe trolig;
Men i Fjeldet löd der underlige Dön,
　　Dverge-slægten blev urolig,
Höit fra Uren rulled Grus og Kampe-sten,
Og fra Lien kom der Rod og Bul og Gren;
　　　　Ilde saa det ud
　　　　For Kong Olafs Gud,
　　Ilde freded' man hans Bolig.

Hellig Olaf med sit lueröde Skjæg
　　Kyssed' Hjaltet paa sin Klinge,
Og han holdt det höit mod Dverge-hallens Væg,
　　Og han korsede sin Bringe.
Se, da rulled' alle Stene ned i Mag,
Og de föied' sig til Muren, Lag ved Lag,
　　　　Og hver Stok, der sprang,
　　　　Blev en Bjælke lang;
　　Öxe-bruget var kun ringe.

O! hvor gram blev da den hele Dverge-flok!
　　Fjorden skjalv ved deres Mæle,
Og de stödte til en vældig Klippe-blok
　　Med de kobber-skode Hæle.
Hellig Olaf mæled' da et lystigt Ord:
"Se der kommer Dvergen med vort Alter-bord!"
　　　　Stenen dumped' ned
　　　　Just paa rette Sted,
　　Der hvor Kongen pleied' knæle.

Snart var Kirken med sit Skifer-dække takt,
　　Klar den stod paa Pintse-dagen;

Og i Koret var paa Alter-stenen lagt
Gyldenstykke og Skarlagen.
Bispen stod i Bönnen, böiet over den,
Kongen gik til Offers did med sine Mænd:
    Alter-vinen klar
    Guld og farvet Glar
Bragte han i Land fra Dragen.

Kirken stod ved Strand i mange hundred' Aar,
Nu er dog dens Mur forsvunden;
Men til Olafs Ros endnu blandt Lövet staar
Alter-bordet over Grunden.
Mose-teppet hviler nu paa Stenen graa,
Abild-træet strör sin hvide Blomst derpaa,
    Og fra Birkens Top
    Stemmer Fuglen op
Pintse-psalmerne i Lunden.

Mangen Sommer-kveld, naar i den dunkle Fjord
    Triller Dug fra grönne Blade,
Vies dog Kong Olafs faste Alter-bord
    Atter til et helligt Stade ;
Dalens Sön har der et Stevne med sin Brud,
Og de vexle Ringe der for Olafs Gud,
    Og de knæle ned
    Trygt, med Haab og Fred,
Og i Sommer-drömme glade.

Derfor kan Kong Olafs minderige Ry
    Ingensinde gaa tilgrunde;
Med hver Dalens Slægt det hæver sig paany

Fagert fra de friske Munde.
Hellig Olaf med sit hjerteröde Skjold
Dækker Klippen, hvor den kneiser mörk og gold,
    Og hans Saga gaar
    Gjennem Norges Vaar
Södt som Fugle-sang i Lunde.

7. SLAGET VED STANFORD BRO.
(The Battle at Stanford Bridge).

I Aaret 1066 reiste Kong Harald Haardraade til England med en stor Flaade paa 240 Skibe, foruden Smaaskuder og Förings-skibe, for at hjelpe Tostig Jarl mod hans Broder, den engelske Konge Harald Godvin-sön. I Förstningen var han heldig mod Engelskmændene; Borgerne i York overgave ham sin By, og Harald vendte om Aftenen tilbage til sine Skibe for at overnatte der. Men imidlertid kom den engelske Konge, uden at Nordmændene spurgte det, og om Natten drog han ind i Byen York. Dagen efter gik atter Harald Haardraade iland med et lidet Fölge; da de kom over Stanford Bro fik de se en talrig Hær langt borte. Tostig Jarl raadede at vende tilbage til Skibene for at faae Hjelp, men Kong Harald vilde nödig, at man skulde holde ham for ræd, og valgte derfor ikke dette kloge Raad, men sendte tre af sine dygtigste Mænd ned til Skibene paa de raskeste Heste med det Bud, at hele hans Mandskab strax skulde komme ham til Hjelp. Harald stillede sine Mænd op i en lang men ikke tyk Fylking; derpaa lod han Flöiene böie sig bagover, indtil de naaede sammen, saa at Hæren kom til at staa i en stor Ring med Skjold ved Skjold. Han böd, at den yderste Rad i Fylkingen skulde stötte Spyd-skafterne mod Jorden og rette Odderne mod de engelske Rytteres Bryst; de, som stod i næste Rad, skulde derimod rette Spyd-odderne mod Hestene. Indenfor Ringen skulde Bue-skytterne staa, og her valgte han ogsaa Plads for sig selv og Tostig med Följge. Nu kom den engelske Konge nærmere med sin Hær, og den var dobbelt saa stor som den norske. Medens endnu Harald holdt paa at stille Fylkingen op, og klædt i en blaa Kjortel red rundt omkring Ringen paa en sort, bleset Hest, kom tyve brynjeklædte Ryttere ridende fra Engelskmændenes Hær mod Nordmændenes Fylking og spurgte, om Tostig Jarl var der. "Her kan I finde ham," svarede Jarlen selv. En af Rytterne böd ham Trediedelen af England, hvis han vilde forlige sig med sin Broder. "Sæt, at jeg modtager Tilbudet, hvad vil da min Broder give Norges Konge?" spurgte Tostig Jarl. Den anden svarede: "Han vil unde Norges Konge, Harald Sigurdsön, syv Fod Jord af England og saa meget mere, som han er höiere end de fleste Andre." "Hvis saa er," svarede Jarlen, "da rid kun tilbage og bed Kong Harald Godvinsön at begynde Slaget. Ikke skal Nordmændene sige, at Tostig Jarl lod Norges Konge i Stikken og slog sig til hans Fienders Tal." Da vendte Rytterne tilbage til den engelske Hær. Kong Harald Haardraade spurgte, hvem den Mand var, som förte Ordet for Rytterne. "Det var min Broder, Harald Godvinsön," svarede Tostig. "Det fik vi for sent at vide," sagde Kongen, "thi han var kommen vore Rækker saa nær, at han ikke skulde have kunnet melde vore Mænds Fald. Han var ellers liden af Vext, men sad godt i Sadlen." Derpaa begyndte Slaget med, at de engelske Ryttere red frem; men saa længe Nordmændene stod stillede i Ring med Skjold ved Skjold og fremstrakte Spyd, kunde Fienden Intet gjöre. Da red Engelskmændene tilbage, og Nordmændene vare uvarlige nok til at sætte efter dem og bryde Ringen. Men da kunde de heller ikke længer staa sig mod Overmagten. Harald blev truffen af en Pil i Struben; det blev hans Bane, og de fleste af hans Fölge faldt rundt hans Lig.

8. Sinclairs - Visen.
(The Song of Sinclair).

Herr Sinclair drog over salten Hav,
    Til Norrig hans Kurs monne stande;
Blandt Gudbrands Klipper han fandt sin Grav,
    Der vanked' saa blodig en Pande.

Herr Sinclair drog over Bölgen blaa,
    For svenske Penge at stride;
Hjelpe dig Gud! Du visselig maa
    I Græsset for Nordmanden bide.

Maanen skinner om Natten bleg,
    De Vover saa sagtelig trille;
En Havfrue op af Vandet steg,
    Hun spaaede Hr. Sinclair ilde.

"Vend om, vend om, du skotske Mand!
    " Det gjælder dit Liv saa fage;
" Kommer Du til Norrig, jeg siger for sand,
    " Ret aldrig du kommer tilbage." —

"Led er din Sang, du giftige Trold!
Altidens du spaar om Ulykker;
Fanger jeg dig engang i min Vold,
Jeg lader dig hugge i Stykker."

Han seiled' i Dage, han seiled' i tre
 Med alt sit hyrede Följe,
Den fjerde Morgen han Norrig mon se,
 Jeg vil det ikke fordölge.

Ved Romsdals Kyster han styred' til Land,
 Erklærende sig for en Fiende,
Ham fulgte fjorten hundrede Mand,
 Som alle havde Ondt i Sinde.

De skjændte og brændte, hvor de drog frem,
 Al Folke-ret monne de krænke;
Oldingens Afmagt rörte ei dem,
 De spotted' den grædende Enke.

Barnet blev dræbt i Moderens Skjöd,
 Saa mildelig det end smiled',
Men Rygtet om denne Jammer og Nöd
 Til Kjernen af Landet iled'.

Baunen lyste og Budstikken löb
 Fra Grande til nærmeste Grande;
Dalens Sönner i Skjul ei kröb,
 Det maatte Herr Sinclair sande.

"Soldaten er ude paa Kongens Tog;
"Vi selv maa Landet forsvare—

"Forbandet være det Nidings-Drog,
"Som nu sit Blod vil spare!"

De Bönder af Vaage, Lesje og Lom,
 Med skarpe Öxer paa Nakke,
I Bredebygd tilsammen kom,
 Med Skotten vilde de snakke.

Tæt under Lide der löber en Sti,
 Som man monne Kringen kalde,
Laugen skynder sig der forbi,
 I den skal Fienderne falde.

Riflen hænger ei mer paa Væg,
 Hist sigter graahærdede Skytte;
Nökken oplöfter sit vaade Skjæg,
 Og venter med Længsel sit Bytte.

Det första Skud Herr Sinclair gjaldt,
 Han bröled' og opgav sin Aande;
Hver Skotte raabte, da Obersten faldt:
 "Gud fri os fra denne Vaande!"

"Frem Bönder, frem I norske Mænd!
"Slaar ned, slaar ned for Fode!"
Da önsked' sig Skotten hjem igjen,
 Han var ei ret lystig tilmode.

Med döde Kroppe blev Kringen ströet,
 De Ravne fik nok at æde;
Det Ungdoms-blod, som her udflöd,
 De skotske Piger begræde.

Ei nogen levende Sjel kom hjem,
Som kunde sin Landsmand fortælle,
Hvor farligt det er at besöge dem,
Der bo blandt Norriges Fjelde.

End kneiser en Stötte paa samme Sted,
Som Norges Uvenner mon true,
Ve hver en Nordmand, som ei bliver hed,
Saa tidt hans Öine den skue.

9. NORGES FORENING MED SVERIGE.
(*The Union of Norway and Sweden*).

Den svenske Hær, under Kron-prinds Carl Johans Commando, marscherede efter Slaget ved Leipzig i October 1813 nordover mod Danmark. Paa Veien forenede den sig med et russisk Corps. Den danske Hær i Holstein maatte vige for Overmagten, og den norskdanske Konge, Fredrik den Sjette, sluttede da Freden til Kiel i Januar 1814. Ved denne afstod han til Sverige sin Ret til Konge-riget Norge. Saaledes oplöstes den Forening mellem Danmark og Norge, som havde vedvaret siden 1380. Nordmændene vægrede sig imidlertid for at anerkjende deres Lands Afstaaelse til Sverige. Deres udvalgte Mænd mödte paa Eidsvold og vedtoge (17de Mai 1814) en Grund-lov, bygget paa Principer ne for et uafhængigt, constitutionelt Monarchi, hvorpaa de valgte til Konge den danske Prinds Christian Fredrik, som dengang opholdt sig i Norge. En svensk Hær gik da over Grændsen ind i Norge for at tvinge de Norske til Underkastelse. Ved de förste Sammenstöd mellem de stridende Parter hævdede de norske Tropper deres gamle Vaaben-ære. Kron-prindsen, Carl Johan, erklærede sig da paa Sveriges Vegne villig til at indrömme Norge Ligeberettigelse, hvis det vilde indgaa paa en Forening med Sverige. Fiendtlighederne standsedes, og den 4de November 1814 kom Foreningen istand, saaledes at den norske Grundlov af 17de Mai skulde staa ved Magt. I 1818 blev Carl Johan, efter Carl den Trettendes Död, de forenede Rigers Konge; han kronedes samme Aar i Throndhjems Domkirke som Konge af Norge. I 1844 döde han.

Carl Johans Livs-bane har faa Side-stykker i Historien. Han var född 1764 i det sydlige Frankrige, hvor hans Fader var Advokat. Hans oprindelige Navn var Jean Bernadotte. Under den franske Revolution svang han sig op fra Soldat til General, og blev under den förste Napoleons Keiserdömme Marschal af Frankrige og Prinds af Ponte-Corvo, hvilken Stilling han opnaaede ved sit Helte-mod, Geni, og vindende Væsen. I 1810 valgtes han til Kron-prinds af Sverige; sin Konge-krone fik han saaledes ikke ved Födselens men ved den personlige Fortjenestes Ret. I 1813 var han med den svenske Hær i Nord-tydskland, og var en Tid Höistbefalende over de allierede Hære mod Napoleon. Hans största Fortjeneste bestod deri, at den ved ham istandbragte Forening mellem Norge og Sverige blev grundet paa de to Staters politiske Ligeberettigelse. Til denne hans statsmandsmæssige Tanke skyldes meget af den heldige Udvikling, som har fundet Sted i begge Lande efter Foreningen.

10. EVENTYR-FORTÆLLERE.
(*Tale-Tellers*).

Sagn- og Eventyr-Fortælling har i Aarhundreder udgjort og udgjör den Dag i Dag et af de Midler, hvormed Bönderne, især i vore Fjeld-dale, korte sig Tiden, naar ikke Arbeide eller religiös Læsning sysselsætter dem. Begge de nævnte Arter af Overleverelse har sin Rod i Asa-troen, og deres Indhold har været forplantet nedad fra Slægt til Slægt med en Troskab, som er forbausende, og som maa synes uforklarlig for den, der ikke kjender vore Dalförers afsondrede Beliggenhed, deres spredte Gaarde og tynde Befolkning. Disse dybe, vidt adskilte Furer ind i Fjeld-massen synes som plöiede, for at en rig Gröde af Sagn og Eventyr, efter Oldmythernes Udsæd, der kunde opvoxe. Alligevel er nu Hösten tildels overmoden, og medens Sagnet, der danner sig om Sted- og Natur-Forhold og knytter sig til Virkelighedens Tildragelser, fortsætter sig, saalænge Oplysningen endnu staar paa et lavt Trin og Folkefantasien har Friskhed nok, begynder Eventyr-fortællingen kjendelig at tabe sig. Det ægte Slags Fortællere, som "gjerne kunde fortalt et Bryggekar saa fuldt, at det havde rundet over," eller som "kunde siddet oppe og fortalt fra Otte til Midnat fjorten Dage i Træk, og endda vare ligesaa fulde, som da de tog paa," ere nu Sjeldenheder; de ere gjerne "farne til Jorden ifjor, for to Aar siden," eller endnu længere tilbage. Men har man nogen Gang stödt paa en af disse, saa behöver man da heller ikke at interessere sig særdeles meget for denne Art Folke-digtning, for rigtig at have moret sig; thi disse Fortælleres hele Foredrag er, hvad vi Dannede vilde kalde et færdigt Kunst-værk, skjöndt Navnet ingenlunde er betegnende. Det er nemlig ikke noget Slags Studium, de skylde sin Fortæller-dygtighed; fra Barns-ben have de været saa tiltalte af Meddelelsens Indhold, at de under Fortællingen ikke blot *skue* Begivenhederne, men *opleve* dem, og det er saaledes Virkelighedens Sandhed, som slaar os i deres Foredrag. Uagtet Efterklangen af Sagaernes Fortællemaade er en fælles Eiendommelighed for vort Lands Eventyr-fortællere, bliver derfor dette Almindelige paa mangfoldige Maader ændret og forskjellig formet efter de enkelte Fortælleres aandelige Beskaffenhed. Man vil saaledes snart opdage, at *Mændene* i Regelen fortælle Andet og anderledes end *Kvinderne*. De gamle Kvinder, — thi gamle maa de oftest være, skal de due noget — har jeg lagt Mærke til, gjerne holde sig til Eventyr af et dybt, hemmelighedsfuldt eller gruopvækkende Indhold. De gamle Gubber holde mest af og fortælle bedst overgivne, djærv-humoristiske Eventyr.

11. Gamle Mo'er Margrethe ved Himmerigs Port.

(*Old Mother Margrethe at the Gate of Heaven*).

"Jeg er en sölle Stakkel, uden al Familie, gamle Margrethe fra Dige-huset! Jeg har ikke udrettet Noget i denne Verden, ikke Noget, der kan lukke op for mig her! Det er en sand Naadens Gjerning, om jeg faar Lov at komme inden Dören!"

"Hvordan jeg forlod denne Verden, det veed jeg ikke; syg og daarlig var jeg jo i de sidste Aaringer, og saa har jeg vel ikke kunnet taale at krybe ud af Sengen og komme i Frost og Kulde derudenfor. Det er jo en haard Vinter, men nu har jeg da forvundet det. Det var et Par Dage blikstille, men bitterlig koldt; Isen havde lagt sig saa langt ud i Stranden, man kunde öine; alle Folk fra Byen toge ud paa Isen; der var, hvad de kalde Skridtsko-Löben og Dands, tror jeg; der var fuld Musik og Beværtning derude; jeg kunde höre det lige ind, hvor jeg laa i min fattige Stue. Da var det saadan henimod Aftens-tid, Maanen var oppe, men den var ikke endnu kommen til Kræfter; jeg saa fra min Seng gjennem Vinduet heltud over Stranden, og der lige i Kanten af Himmel og Hav kom en underlig hvid Sky; jeg laa og saa paa den, saa paa den sorte Prik midt i, der blev större og större; og saa vidste jeg, hvad det betöd; jeg er gammel og erfaren, skjöndt det Tegn ser man ikke ofte. Jeg kjendte det og fik en Gru. Jeg har to Gange forud i min Levetid seet den Ting komme, og vidste, at der vilde blive en forfærdelig Storm med Springflod, der vilde komme over de arme Mennesker derude, som nu drak og sprang og jubilerede; Unge og Gamle, den hele By, var jo derude; hvem skulde vare dem, hvis Ingen der saa og kjendte, hvad jeg nu kjendte. Jeg blev saa ræd, jeg blev saa levende, som ikke i mange Tider. Ud af Sengen kom jeg og hen til Vinduet, længer kunde jeg ikke orke; Vinduet fik jeg dog op, jeg kunde se Menneskene löbe og springe derude paa Isen, se de pyntelige Flag, höre hvor Drengene raabte Hurra, og Piger og Karle sang, det gik lystigt til, men höiere og höiere steg den hvide Sky med den sorte Pose i. Jeg raabte Alt, hvad jeg kunde, men Ingen hörte mig, jeg var for langt derfra. Snart vilde Veiret bryde lös, Isen gaa istykker og Alle derude synke gjennem uden Frelse. Höre mig kunde de ikke, naa ud til dem mægtede jeg ikke; kunde jeg dog faae dem i Land! Da gav *Vor Herre* mig den Tanke at stikke Ild i min Seng: heller lade Huset brænde af, end at de Mange saa ynkeligt skulde dö. Jeg fik Lyset tændt, saa den röde Flamme — ja jeg naaede ud af Dören, men der blev jeg liggende, jeg kunde ikke mere; Luen stod ud efter mig og ud af Vinduet, hen over Taget; de saa den derudefra, og de löb Alle, hvad de kunde, for at hjelpe mig arme Stakkel, som de troede brændte inde; der var ikke En, som jo löb afsted; jeg hörte, de kom, men jeg hörte ogsaa, hvor det med eet susede i Luften; jeg hörte det dundrede som svære Kanon-skud, Springfloden löftede Isen, der brödes itu; men til Diget naaede de, hvor Gnisterne flöi hen over mig; jeg fik dem Alle i Behold. Men jeg har ikke maattet kunne taale Kulden og den Forskrækkelse, og saa er jeg kommen herop til Himmeriges Port; de sige, den bliver lukket op ogsaa for saadan en Stakkel som jeg. Og nu har jeg jo intet Hus mere dernede paa Diget, dog det giver mig da ingen Adgang her."

Da aabnede sig Himmeriges Port, og Englen förte den gamle Kone ind; hun tabte et Senge-halm udenfor, et af de Straa, der havde ligget i hendes Seng, den hun tændte for at frelse de Mange, og det var blevet til det pure Guld.

12. Knud den Store.
(Canute the Great).

Kong Knud sad stor og mægtig paa sin Throne,
En Herre, drabelig og stærk som huld.
Den danske, britiske og norske Krone
Var sammensmeltet i hans Krones Guld.
Höit i hans höie Sal klang Harpens Tone,
Thi Skjaldens Barm var af hans Idræt fuld.
I Kirken selv löd Hymner til hans Ære,
Thi kraftig han udbredte Jesu Lære.

Men Knud sad taus og tankefuld i Sind,
Ei blussed Læben som hans Purpur-klæde,
Sörgmodelig han stötted' Haand til Kind,
Og ingen Del han tog i Hoffets Glæde.
De svundne Dages Idræt faldt ham ind,
Da monne bittre Taarer Öiet væde.
"Ak," sukked' han, "min Gud! kan Du forgætte
min Synd, kan Du mit Regnebræt udslette?

Min Ungdom svandt i Stolthed og Foragt,
Kjæk frem jeg gik, men nu jeg modlös græder.
For at forstærke denne stolte Magt
Forbandt jeg mig med Eadrik, den Forræder.
Den djærve Ulf i Kirken blev ombragt,
Hans Blod uskyldigt Alter-tavlen væder.
Ei blot med Sværdet, tidt med mörke Rænker
Jeg vandred' frem. Nu det mit Hjerte krænker.

Men oftest dog med Manddom og med Sværd
Min raske Ungdom blot sit Værk begyndte;

CANUTE THE GREAT. 83

At vorde gamle Danmarks Krone værd,
  Det var den Tanke dog, som frem mig skyndte.
Og derfor stormed' jeg i Herre-færd,
  Og derfor Heltens Syssel, Kamp, jeg yndte.
Da aabned' sig mit Hjerte for Din Stemme;
  Ak, hulde Jesus! kan Du alt forglemme?"

Som Kongen nu saaledes tröstlös sad
  Med blege Kinder og med Graad i Öiet,
Mens henad Bænken i den lange Rad
  Guld-hornet gik, og Hvermand var fornöiet;
Da tren en Skjald for Kongen frem og kvad:
"Min Herre! hvor er den som Du ophöiet?
Du tvang det stolte Nords udstrakte Lande,
  Ustraffet Ingen tör Dit Bud modstande."

Taalmodig, uden Harme hörte Knud
  Paa denne daarlige, forvovne Tale.
Hvad Skjalden kvad, det raabtes snarlig ud
  Af hver en Ridder i de blanke Sale.
Da blev den gyldne Stol paa Kongens Bud
  Bragt ned fra Borgen gjennem grönne Dale
Til hviden Strand, hvor stolt og langsomt Vandet
Höit skylled' sine Bölger op paa Landet.

Derpaa han lod med stenbesatte Baand
  Den tunge Glavind ved sit Belte spende,
Med Krone paa, med Scepter i sin Haand,
  Man saa ham sine Fjed mod Havet vende.
Hvad Tanke nu besjelte Kongens Aand,
  Nysgjerrig Hof-mand önskte gjerne kjende;

Men Kongen taug og vandred' med sit Fölge
I Purpur-kaaben mod den hvide Bölge.

Der Kongen sad og talte saa til Havet:
"Det Land, jeg sidder paa, tilhörer mig;
"Med Dig, o Sö! min Magt er jo begavet,
"Thi lyd Din Herre, Du ei nærme Dig!
"Din Bölge kræver jeg saaledes avet,
" At til min Fod den aldrig vover sig,
" Thi jeg behersker Nordens stolte Lande,
"Ustraffet Ingen tör mit Bud modstande,"

Men som sædvanlig gik den stolte Bölge
   Sin vante Vei, den end bestandig tog,
Af sin Natur den Intet vilde dölge,
   Det ene Bölge-slag det andet jog.
Med otte niende kom brat i Fölge,
   Der stærk og svanger op paa Kongen slog,
Ei til hans Födder kun den op sig trængte,
Hans Scepter og hans Krone den besprængte.

Da reiste Kongen sig, saa til hver Side,
   Bröd rört med Taarer höit saaledes ud:
"Isandhed, hver en Kristen burde vide,
   " At Ingen mægtig er foruden Gud.
"Han grunded' Jorden, Han lod Havet glide
" Med evigt Röre, ved sit stærke Bud,
" Han ene mægter Jord og Hav at tvinge,
   " Mod hans er al min Vælde saare ringe."

Med disse Ord han af sin Krone spændte,
   Af Guld og Ædelstene tung og svar;

Derpaa han sine Fjed fra Havet vendte
Og ydmyg Kronen hen i Kirken bar.
Der knælte han og hver en Synd bekjendte,
Mens Angers-taaren trilled' hed og klar.
Paa den Korsfæstede med Martyr-kviden
Han Kronen satte, bar den aldrig siden.

13. ORLOGS-VISE.
(*Navy Song*).

Kong Christian stod ved höien Mast
I Rög og Damp.
Hans Værge hamrede saa fast,
At Gothens Hjelm og Hjerne brast.
Da sank hvert fiendligt Speil og Mast
I Rög og Damp.
Fly, skreg de, fly hvad flygte kan,
Hvo staar for Danmarks Christian
I Kamp!

Niels Juel gav Agt paa Stormens Brag,
Nu er det Tid!
Han heisede det röde Flag
Og slog paa Fienden Slag i Slag.
Da skreg de höit blandt Stormens Brag:
Nu er det Tid!
Fly, skreg de, hver som veed et Skjul,
Hvo kan bestaa for Danmarks Juel
I Strid!

O Nordhav! Glimt af Vessel bröd
Din mörke Sky,

Da tyede Kjæmper til dit Skjöd,
Thi med ham lynte Skræk og Död;
Fra Valen hörtes Vraal, som bröd
    Den tykke Sky;
Fra Danmark lyner Tordenskjold,
Hver give sig i Himlens Vold
    Og fly!

Du Danskes Vei til Ros og Magt,
    Sortladne Hav!
Modtag din Ven, som uforsagt
Tör möde Faren med Foragt,
Saa stolt, som Du, mod Stormens Magt,
    Sortladne Hav!
Og rask igjennem Larm og Spil
Og Kamp og Seier för mig til
    Min Grav!

14. NORSK FLAG-SANG.

(*Norwegian Flag Song*).

Mens Nordhavet bruser mod fjeldbygt Strand
   Og stolte Erindringer vækker
Om Fædrenes Ry, som til fjerne Land
   Det bar paa de nordiske Snekker—
O Nordmænd, sjunger til Harpens Slag
En Sang for Norriges unge Flag.

Du Blomster af Palmen paa fjeldfast Grund,
   Skjön er Du at skue trefarvet;
Det hvidene Kors i den röde Bund

Det har Du af Dannebrog arvet;
Men Hjerte-bladet det mörkeblaa
Fra Frihedens Marv maatte först udgaa.

Fra Himlen faldt Dannebrogs-fanen ned,
 Blev Tvilling-lands Snekkernes Smykke
Og stod gjennem Secler i Krig og Fred,
 Omsvævet af Hæder og Lykke.
O Flag for Norrig! stand evig saa,
Mist aldrig dit Hjerte-blads höie Blaa!

15. FÆDRELANDS-SANG.

(Patriotic Song).

Ja vi elske dette Landet,
 Som det stiger frem
Furet, veirbidt, over Vandet,
 Med de tusind Hjem,
Elsker, elsker det og tænker
 Paa vor Fa'er og Mo'er
Og den Saga-nat, som sænker
 Drömme paa vor Jord.

Dette Land har Harald bjerget
 Med sin Kjæmpe-rad,
Dette Land har Haakon værget,
 Medens Öivind kvad;
Paa det Land har Olaf malet
 Korset med sit Blod,
Fra dets Höie Sverre taled'
 Roma midt imod.

Bönder sine Öxer brynte,
    Hvor en Hær drog frem,
Tordenskjold langs Kysten lynte,
    Saa den lystes hjem.
Kvinder selv stod op og strede,
    Som de vare Mænd,
Andre kunde bare græde,
    Men det kom igjen.

Haarde Tider har vi döiet,
    Blev tilsidst forstödt,
Men i værste Nöd blaaöiet
    Frihed blev os född.
Det gav Fader-kraft at bære
    Hungersnöd og Krig,
Det gav Döden selv sin Ære,
    Og det gav Forlig.

Fienden sit Vaaben kasted',
    Op Vesiret foer,
Vi med Undren mod ham hasted',
    Thi han var vor Bro'er.
Drevne frem paa Stand af Skammen,
    Gik vi söderpaa;
Nu vi staa *tre Brödre* sammen
    Og skal saadan staa.

Norske Mand i Hus og Hytte,
    Tak din store Gud!
Landet vilde han beskytte,
    Skjöndt det mörkt saa ud.

Alt hvad Fædrene har kjæmpet,
Mödrene har grædt,
Har den Herre stille lempet,
Saa vi vandt vor Ret.

Ja vi elske dette Landet,
Som det stiger frem
Furet, veirbidt, over Vandet,
Med de tusind Hjem.
Og som Fædres Kamp har hævet
Det af Nöd til Seir,
Ogsaa vi, naar det bli'er krævet,
For dets Fred slaa Leir.

II. BIOGRAPHICAL SKETCHES.

16. LUTHERS MINDE.

(Commemoration of Luther).

I Wittenberg i Sachsenland
Der er en Grav tilskue,
Der hviler sig en from Guds Mand
Alt under Kirke-bue,
Hvad her han hed, det veed Enhver,
Som har sin Gud og Bibel kjær;
Men hvad han hedder nu hos Gud,
Skal Engle for os sjunge ud,
Naar vi med ham forsamles.

Han lukked' op den Bibel-bog,
 Som var saa fast forseglet;
Han saa, paa Herrens Syner klog,
 Guds Herlighed i Speilet;
Han laante Biblen Folkets Maal,
 Han trodsed Ban og Staal og Baal;
Og hvad der stred mod Herrens Ord,
 Det sank paa Baal, det sank i Jord;
Thi Herrens Ord har Kræfter.

Trods List og Vold, trods Ban og Baal
 Gik Ordet vidt om Lande;
Det talte Folkets Tunge-maal
 Alt op til Nörre-Strande;
Det löd ved Donaus Kilde-væld,
 Det gjenlöd höit fra Dovrefjeld;
Ved Blocksbjerg og ved Hekla klang
 Det liflig södt i Kirke-sang:
Da var der Lyst at leve.

Der han gik hjem, den fromme Mand,
 Til Fader i det Höie,
Da sörged' Christne vidt om Land
 Med Suk, med Graad i Öie;
Han fulgtes til sit Hvile-sted
 Af Læge og af Lærde med,
Ja mangen Ridder gjev og bold
 Med Taarer salvede sit Skjold;
Men Herrens Ord dem trösted'.

17. Kong Christian IV.
(King Christian IV).

Christian IV, Konge af Danmark og Norge (1588 — 1648), var begavet baade som Bygmester, Kunst-kjender, Ingeniör, Stats-mand, General og Admiral, i hvilken Henseende han staar ene i sit Slags; Ingen uden han har forenet Kongen og Admiralen i een Person. Som Hær-förer viste han et koldblodigt, urokkeligt Mod; hans Feltherre-evner vare betydelige, og hvad han kunde klage over var, at Lykken blev ham utro i det mest afgjörende Öieblik. Som Regjerings-mand besad han et klart Blik for, hvad Tiden trængte til, Kundskab og Indsigter i Sagerne, levende Fölelse for det Ophöiede i sit Kald, Lyst og Evner til selv at raade, Ærekjerhed nok til at önske baade sin egen og sit Folks Værdighed hævdet, og Dristighed til at vove en Dyst, naar det gjaldt; der var ogsaa Kraft, mandig Kraft i hans Villie; hvad det skortede paa, var det store Overblik og den forsynlige, sindige Beregning af Tid og Omstændigheder. Derfor indlod han sig stundom paa mere, end han kunde magte, og ene som han stod, heftig og opfarende som han tillige var, forlöb han sig og kunde ikke ret komme nogen Vei med sin Tids Stormænd; de lærte at frygte ham og hans Stok, der for et godt Ord kunde suse dem om Örene, de agtede ham vel, men de elskede ham ikke og mærkede efterhaanden, hvori hans svage Side stak. Hans Arbeidsomhed var saa stor, at man ikke begriber, hvor han fik Ende paa, hvad han overtog sig; altid paafærde, et Öieblik i den ene, det næste i den anden Retning, vilde han selv se sig for og være med ved Alt. Dette var en af hans Hoved-feil som regjerende Konge, det svækkede hans Overblik over det Hele; det hang imidlertid sammen baade med hans flersidige Begavelse og hans ellers saa priselige Opdragelse.

Hans danske Sindelag var hver Mand i Landet bekjendt og viste sig i det Store som i det Smaa; han beordrede saaledes sine Sendebud i England og Rusland ikke at bruge andet Sprog end Moders-maalet, og hvis der begjæredes Tydsk, da gjöre en Undskyldning, "at de ikke vare det Sprog mægtige." Ogsaa hans Retfærdighed var bekjendt, saa Folk altid med Glæde saa ham i Retter-thinget, og ligesom *den* var bekjendt, var hans skarpe Syn til at opdage Bröden det ikke mindre. Lige trygt som paa Kongens Retvished, kunde man ogsaa forlade sig paa hans Ord. Han indlod sig venlig med Alle, skattede Dygtigheden, hvor den fandtes, drog de Borgerlige frem og ansaa ikke sit Bord beskjæmmet, fordi en jevn, simpel Mand tog Plads ved det. Hvor naturligt, at Folket fölte sig tiltalt af den uslebne men ærlige Djervhed, der lyste frem af al hans Færd. Sandhed var det, naar han udbröd: "Han kunde trygt lægge sig til at sove i enhver Hytte i Landet."

18. Thomas Kingo.

Th. Kingo er född den 15de December 1634 i Nordsjælland, hvor hans Fader, skotsk af Födsel, var Linnedvæver. Han opvoxede under fattige Kaar, men blev tidlig sat til Bogen paa Grund af sit opvakte Nemme. Som ung theologisk Kandidat var han i nogle Aar Huslærer paa en Herre-gaard i Sjælland, afholdt ikke mindre for sit Vid og sin Selskabelighed end for sin boglige Dannelse. I de Aar blev Egnen hjemsögt af de Svenske under Kjöbenhavns Beleiring (1658), og Kingo gjorde Nytte som "Sauvegarde" ved Gaarden; men han var nær bleven et af Krigens Offre, da en svensk Cornet, som han med dragen Kaarde fratog en rövet Hest, skjöd sin Pistol af paa ham, saa at Kuglen gik igjennem hans Mund. Det lystige Herre-gaards-Liv gav ham Anledning til et Par Skjemte-digte i Datidens noget kluntede Smag. Tid efter anden udgav han længere beskrivende og lovprisende Digte over fædrelandske Emner; de vandt ham et Digter-navn og höitstaaende Velyndere.

Imidlertid var han indtraadt i den geistlige Stand. Det var som Præst i sin Födeby Slangerup, i sit 40de Aar, at han bragte Sommer og Sang i den danske Psalmé-digtning med "*Thomas Kingos Aandelige Sjungechor.*" I Tilegnelsen til Kongen lover han fremdeles at anvende al Flid paa Psalme-digtningen, saa at vi ikke skulle have Behov at tigge og laane af de Tydske og andre Landes Folk; "thi de Danskes Aand er dog ikke saa fattig og forknyt, at den jo kan stige ligesaa höit mod Himmelen som andres, alligevel at den ikke bliver fört paa fremmede og udlændiske Vinger." Nogle Aar efter (1677) kaldte Kongen ham til Biskop i Fyens Stift. Her havde han en vid Mark for sin Arbeidskraft, ved Tilsynet med Kirker, Skoler og milde Stiftelser. Han blev optagen i Adels-standen med en Pegasus i sit Vaaben; da han ved tredie Ægteskab blev Herre til Fraugdegaard, var hans Stilling saa meget anseligere.

Under Christian den 5te havde Enevolds-magten slaaet faste Rödder, og man stræbte at gjennemföre Enheden i alle offentlige Anliggender. Riget fik en ny Lov-bog og Kirken et nyt Ritual; Biskop Kingo var Medlem af Ritual-commissionen. Samtidig vaagnede Önsket om en Psalme-bog, som kunde aflöse de mange indbyrdes afvigende, tildels forældede Samlinger, der vare i Brug. Det blev Kingos Hverv at udgive en ny Kirke-Psalme-bog for Danmark og Norge; han havde skaffet sig et eget Bog-trykkeri. Dens förste Halvdel, Vinter-parten, udkom 1689; men den fandt Modstand fra mange Sider; de ældre Kirke-sange vare snarere omdigtede end skaansomt ændrede; der var optagen en Del udtværede Psalmer af Samtidige, og Kingos egne Psalmer fandt Mange for höie for Menigmand, der dog, som han med Föie bemærker, "tidt haver mere Fattelse, end somme Lærde tage sig vare for." Enden blev, at der blev nedsat en Commission, som udarbeidede Psalme-bogen, dog med stadig Bistand af Kingo, ogsaa til Sommer-parten; saaledes udkom den saakaldte "Kingos Psalme-bog," der endnu bruges paa flere Steder, især i Jylland og Norge.

Skjöndt han fra Ungdom af havde erfaret, at "Sorrig og Glæde de vandre tilhobe," var dog hans virksomme Liv forholdsvis rigt paa Lykke og Udmærkelse. Han döde 1703, i sin Alders 69de Aar.

Kingos Psalmer lyde igjennem hele vor Kirke-sang. Det "Aandelige Sjunge-chor," som allerede i hans Levetid blev mange Gange optrykt og oversat paa Tydsk, Svensk og Islandsk, har siden oplevet mangfoldige Oplag. Alle vore Psalme-böger saavelsom de Samlinger, der ere udgivne til Hus-andagt, have öst rigeligt af hans Forraad. Selv gjennem de senere store Psalmedigtere—Brorson, Grundtvig—höre vi jevnlig Toner fra Kingo. Det er med ham som Forgjænger, at vor Kirke, fremfor den tydske og den engelske, har til sine frugtbareste Psalme-forfattere havt virkelige Digtere.

19. Niels Juel.

Den danske Sö-helt Niels Juel gik meget ung i hollandsk Orlogs-tjeneste, hvor han erhvervede en fuldstændig Kundskab i Sö-krigs-Kunsten og havde mange Anledninger til at vise sin Tapperhed. Da Danmark i 1676 kom i Krig med Sverige, blev Juel i Forening med den hollandske Admiral Tromp betroet Commandoen over den danske Flaade. Han gjorde Landgang paa den svenske Ö Gothland og erobrede samme. Da den svenske Flaade fik Kundskab herom, opsögte den Juel og angreb ham under Bornholm. Juel havde neppe mere end halv saa mange Skibe som de svenske; dog udholdt han en to Dages Kamp med dem og gik seierrig ud af Kampen. Kort efter angreb han i Forening med Hollænderne de Svenske under Öland og vandt en afgjörende Seier.

I 1677 slog Juel den svenske Admiral Sjöblad, der var löben ud fra Gothenborg for at forene sig i Östersöen med den store svenske Flaade. Juel erobrede fem af hans Skibe og tog selve Admiralen til Fange. Derefter opsögte Juel den store svenske Flaade under Rigsadmiral Horn. Denne havde 37 store Skibe, medens Juel kun havde 25. Dog besluttede Juel at angribe den overlegne Fiende. Slaget forefaldt i Kjögebugt og var yderst blodigt. Juel maatte to Gange skifte Admiral-skib, men hans Seier var glimrende. Fienden tabte 11 store Skibe og ligesaa mange smaa, medens Juel ikke tabte et eneste Skib. Fienden mistede 3000 Fanger og havde 1200 Döde og Saarede, medens Juel kun misstede 300 Mand. Denne Seier er en af de vigtigste i den danske Sö-krigs-Historie.

Den tappre Juel vendte tilbage til Kjöbenhavn, hvor Folket modtog ham med lydelig Beundring som deres Beskytter og Fader. Kongen ophöiede ham til Overadmiral og Geheimeraad, og lod slaa en Medaille til hans Ære, medens Udlandets mest erfarne Sö-helte erkjendte ham for den dygtigste Admiral i Europa.

Niels Juel var ikke mindre agtet for sine private Dyder end for sine Krigs-bedrifter. I sin Alderdom levede han paa Öen Taasinge, som Kongen til Belönning for hans tro Tjeneste havde foræret ham. Mange besögte ham for at höre ham fortælle om sine Sö-bedrifter; men altid talte han meget beskedent derom, og naar nogen af hans Venner talte til hans Ære, sagde han: "Æren for al Seier tilhörer Gud alene."

20. Ludvig Holberg.

I Begyndelsen af det 18de Aarhundrede fremtraadte i den dansk-norske Literatur en Forfatter, som baade hævede sig höit over alle de tidligere, og i mange Maader blev et Mönster for de sildigere; som i sine talrige Skrifter ikke blot virkede overordentligt til sin Samtids Oplysning og æsthetiske Dannelse, men ogsaa levnede Eftertiden en rig Kilde til Morskab og Belæring; som bedre end nogen Anden forstod at skrive efter sine Lands-mænds Smag, men tillige selv bidrog saa meget til dens Retning, at Nationens Tænkemaade endnu bærer mangfoldige Spor af hans Indflydelse. Denne Forfatter er *Ludvig Holberg*. Han var född i Bergen i Norge 1684. Skjöndt han först havde været bestemt til den militære Stand, blev han dog efter sit Önske sat til Studeringer og 1702 dimitteret til Kjöbenhavns Universitet. Vel maatte han, da han var uformuende, om kort Tid vende tilbage til Norge og conditionere hos en Præst paa Landet; men under et nyt Ophold i Kjöbenhavn tog han baade theologisk Attestats og lagde sig flittigt efter levende Sprog, navnlig Engelsk, Fransk og Italiensk. Af Trang antog han igjen en Huslærerpost; dog bragte hans Lyst til at se fremmede Lande ham snart til at opgive den og med de faa Penge, han kunde gjöre Udvei til, at seile til Holland. Han kom tilbage Aaret efter, ernærede sig nogen Tid i Christiansand som Sprog-mester. men begav sig atter udenlands, saasnart Omstændighederne tillode det, nemlig til England, hvor han tilbragte to Aar, fordetmeste i Oxford. Medens han her erhvervede sit Ophold ved at undervise Studenter i Sprog og Musik, i hvilken Kunst han havde bragt det temmelig vidt, fortsatte han tillige selv sine Studeringer med Iver, benyttede sig stadigt af de rigt forsynede Bibliotheker og samlede især Materialier til historiske Arbeider. Efter sin Hjemkomst fra denne anden og meget lærerige Udenlandsreise prövede han ogsaa strax paa at gjöre sine erhvervede Kundskaber frugtbare og holdt til den Ende private Forelæsninger ved Universitetet; da de imidlertid ikke gave ham

5

tilstrækkelige Indtægter, saa han sig nödt til paany at
söge sit Bröd som Informator, i hvilken Egenskab han
blandt Andet ledsagede et ungt Menneske til Dresden.
Först fra 1710, da han havde erholdt en Plads ved
Borchs Collegium, kunde han udelukkende offre sig for
egne Studier, og det endda en Tid lang under trange
Kaar. Han begyndte sin Skribent-bane i 1711 med en
Introduction til de europæiske Rigers Historie, og ud-
arbeidede i de næste Aar et Manuscript om Christian
den Fjerdes og Fredrik den Tredies Bedrifter, hvilket
han dedicerede og overrakte Kong Fredrik den Fjerde.
Herved banede han sig Vei til en Ansættelse som Pro-
fessor extraordinarius ved Universitetet, dog uden Gage,
og var kort efter saa heldig, understöttet af et Stipen-
dium, at kunne tiltræde en fjerde Udenlandsreise, paa
hvilken han besögte Holland, Frankrige og Italien. Efter
at være kommen hjem, udgav han sin Natur- og Folke-
Ret og opnaaede endelig i 1718 et virkeligt Professorat.
Paa sine Evner som Satiriker havde han hidtil blot
givet Pröver i nogle pseudonyme latinske Strids-skrifter
mod den bekjendte Jurist og Historiker Andreas Höier;
men fra 1719 begyndte han, under Navnet Hans Mik-
kelsen, den Række af Arbeider i den komiske Poesi,
hvorved han vandt sin allerstörste Berömmelse. Fra
hint Aar indtil 1728 udkom nemlig Peder Paars, de fire
Skjemte-digte, Metamorphosis og de fleste af hans Co-
medier. Rigtignok vare disse Frembringelser i deres
Nyhed anstödelige for Adskillige, dels fordi de syntes
at stride mod den Gravitet, man forlangte af en Mand
i Holbergs Stilling, dels fordi de revsede Tids-alderens
Skjöde-synder; dog kunde enkelte af hans Collegers

eller de af Satiren Rammedes Utilfredshed ikke forhindre alle upartiske Læseres enstemmige Bifald. I samme Tids-rum udgav han iövrigt sit latinske "*Brev fra Holger Danske til Burman*," og de förste af de tre *Epistolæ ad virum perillustrem*, som indeholdt hans Autobiographi. For sin Helbreds Skyld havde han 1725 foretaget sig den femte og sidste af sine Udenlandsreiser, og opholdt sig en Vinter i Paris.

Med 1728 kan man begynde en ny Periode i Holbergs Virksomhed som Skribent. I dette Aar indtraf den store Ildebrand i Kjöbenhavn, som drog megen Elendighed efter sig og havde til Fölge, at de danske Skuespil, som havde bestaaet siden 1722, bleve standsede. Da Fredrik den Fjerde döde kort efter, og den alvorlige, pietistiske Tone, som under hans Efterfölger, Christian den Sjette, (1730—46) udbredte sig fra Hoffet, ikke var gunstig for den Holbergske Poesi, bidroge disse Omstændigheder formodentlig til, at han i lang Tid især berigede Literaturen med historiske, statistiske og populær-philosophiske Skrifter, hvortil han desuden i sin modne Alder ikke fölte mindre Lyst og Dulighed, end til Udarbeidelsen af Vittigheds-værker. De vigtigste af hine prosaiske Skrifter vare: Danmarks og Norges Beskrivelse, Danmarks Historie, Almindelig Kirkehistorie, Berömmelige Mænds og Heltes sammenlignende Historier, Heltinders sammenlignende Historier, Den jödiske Historie, moralske Tanker. Af poetiske Arbeider udgav han i hele Perioden kun et Par, men blandt dem rigtignok et meget betydeligt, nemlig *Niels Klims underjordiske Reise* (udkom paa Latin 1741).

Som Olding, efterat Fredrik den Femte havde besteget Thronen, og den danske Skueplads igjen var bleven aabnet, viste han sig endelig paany som Theater-digter, og nogle af hans senere Skuespil vidne endnu om megen Aands-livlighed, hvorimod hans moralske Fabler have flere Kjendemærker paa en aldrende Forfatter. Det sidste af hans ræsonnerende Arbeider ere de fem Bind Epistler. Efterat have ved sine Skrifter vundet baade Navn og Anseelse, var han 1747 bleven ophöiet i Friherre-stand, og hans Godser i Sjælland oprettet til et Baroni, hvilket han derpaa legerede til Sorö Academi. Han döde ugift den 27de Januar 1754.

21. Peter Tordenskjold.

Tordenskjolds oprindelige Navn var Vessel. Han var födt 1691 i Throndhjem, hvor hans Fader var Raadmand. Först skulde han studere, men det havde han ingen Lyst til. Derefter kom han i Skræder-lære, men denne Stilling passede end mindre for den livlige Dreng. Saa blev han da sendt til Kjöbenhavn for at komme tilsös. Derved kom han paa sin rette Plads; thi han var födt til Sö-mand. Efterat have gjort nogle Reiser til Ost- og Vest-Indien fik han Underretning om, at Danmark og Norge vare komne i Krig med Sverige, og den 19aarige Yngling tog da ikke i Betænkning at tilbyde Befalings-manden i Christiania sin Tjeneste. Han blev antagen og anbetroet at före et Skib paa 4 Kanoner, men Tid efter anden udmærkede han sig i saadan Grad, at han i Löbet af 10 Aar steg fra Lieutenant til Vice-Admiral og ophöiedes i Adels-standen under Navnet Tordenskjold. Da Kongen gav Vessel dette Navn, udbröd denne henrykt: "Tordenskjold! Nu, saa skal jeg ogsaa tordne saaledes for Svenskens Ören, at han skal sige, at Deres Majestæt ikke forgjæves skjænkede mig dette Navn."

Iblandt Tordenskjolds mærkeligste Bedrifter regnes Slaget i Dynekilen og Erobringen af Fæstningen Carlsten ved Marstrand. I förstnævnte Slag ödelagde han med 6 Skibe en svensk Flaade af 34 Orlogs-skibe tilligemed en Transport-flaade, ladet med Ammunition og andre Forsyninger til den svenske Hær, som under Carl den 12te beleirede den norske Fæstning Fredrikssten. Följen af hint Slag blev, at den svenske Hær maatte ophæve Beleiringen og trække sig ud af Norge.

Fæstningen Carlsten indtog Tordenskjold ved Krigslist; han forklædte sig som Fisker og kom med sin Fiske-kurv paa Armen ind i Fæstningen, hvor han gik omkring og solgte Fisk, medens han paa samme Tid udspeidede Fiendens Styrke og Forsvars-midlernes Tilstand. Efterat han var kommen tilbage til den nærliggende By Marstrand, som hans Tropper holdt besat, sendte han Commandanten paa Fæstningen en Opfordring til Overgivelse, idet han forsikkrede denne om, at hans Troppers Tal var saa stort, at Fæstningen ikke i Længden kunde holde sig imod dem, hvorhos han indböd Commandanten til at sende en Officer for at forvisse sig herom. Officeren blev sendt, og ved kunstige Manövrer fik Tordenskjold bibragt ham det Indtryk, at de danske Troppers Tal var meget större end virkelig var Tilfældet, hvorpaa den svenske Officer vendte tilbage til Fæstningens Commandant og underrettede denne om, at den hele By var opfyldt af fiendtlige Tropper. Fölgen af denne Underretning blev, at Commandanten strax overgav Fæstningen.

Kort efter endte Krigen, hvorpaa Tordenskjold tiltraadte en Udenlandsreise. Han havde til Hensigt at besöge Tydskland, Holland og England; men strax i Begyndelsen af Reisen kom han i Strid med den svenske Oberst Staël, hvilken endte med en Duel i Hanover. I denne Duel, som fandt Sted den 12te November 1720, blev Tordenskjold dræbt. Ved sin Död var han kun 29 Aar gammel.

Hans Minde holdes endnu i stor Ære blandt Danske og Norske, som i ham se en national Personification af Sö-mands-Dygtighed og Kjækhed.

22. Hans Egede.

Grönlændernes Apostel, Hans Egede, blev född i Trondenæs i det nordligste Norge, Aar 1686. Allerede i sit 22de Aar blev han udnævnt til Sogne-præst i Vaagen i Lofoten og giftede sig samme Aar med en gudfrygtig Kvinde, Gjertrud Rask, med hvem Egede maa dele den Ros og Beundring, der med Rette tilkommer ham. Efterat han i et Aars Tid havde betjent Menigheden i Vaagen, kom han til at tænke nærmere over, hvad han havde læst om Grönland, at der engang mellem Aarene 1000 og 1350 havde været Christne med Kirker og Klostre, medens der nu var hedensk Vildhed og Blindhed. Dette opvakte hans Medlidenhed, saa at han besluttede at drage til Grönland og blive Missionær for de forvildede Folk der. Da Missionen maatte sættes i Forbindelse med Handelen, og denne snarest kunde ventes fremmet fra Bergen af, fik Egede der istandbragt et Selskab, som vilde vove et Handelsforsög paa Grönland. Endelig i Aaret 1721 drog han med sin Familie til dette Land og nedsatte sig i Vesterbygden, hvor han fandt de gamle Nordmænds Boliger forladte og tildels ödelagte. Indvaanerne havde ingen Lighed med de gamle Nordmænd, som engang havde boet der i Landet og antaget Christendommen; de nuværende Beboere vare kun vilde, hedenske Eskimoer. Hvad han först maatte tænke paa, for at kunne udrette Noget blandt disse, var at lære deres Sprog. Han optog derfor en Indfödt i sit Hus for ved daglig Omgang med ham at sætte sig ind i Sproget. Mange andre Vanskeligheder havde Egede at kjæmpe med, saasom Hungersnöd, Sygdom og Misfornöielse blandt Colonisterne. Den sværeste Prövelse havde han dog at udholde under den Elendighed, som opstod blandt Grönlænderne, da Börnekopperne grasserede der. Under denne skrækkelige Sygdom, som angreb den största Del af de Indfödte, maatte Egede være baade Læge og Præst. Hans Hustru saavelsom han selv hjalp de Syge og pleiede dem med en mærkværdig Selvopoffrelse. En döende Grönlænder gav derfor ogsaa Egede den herlige Ros: "Du har givet os Hus-ly og Föde, du har begravet vore Döde, der ellers vilde være blevne opædte af Ravne og Hunde, og du har lært os, hvorledes vi kunne blive salige, saa at vi nu kunne dö med Glæde og vente et bedre Liv efter dette." Egedes ældste Sön Poul blev sendt til Kjöbenhavn, og efterat være uddannet til Præst, vendte han tilbage til Grönland og blev sin Faders Medhjelper. Kort efter Sönnens Tilbagekomst döde Egedes opoffrende Hustru. Han besluttede nu at overlade Missions-gjerningens Fortsættelse til sin Sön, hvorpaa han vendte tilbage til Kjöbenhavn, hvor han fik oprettet et Seminarium, der skulde uddanne Missionærer for Grönland, og hvor han forfattede flere Böger i det grönlandske Sprog. Kongen hædrede ham ved at udnævne ham til Missions-Biskop. Hans Arbeide for den grönlandske Mission har i Tidens Löb baaret herlige Frugter, saa at der nu neppe er nogen udöbt blandt Grönlands voxne Beboere. Bibelen er oversat paa det grönlandske Sprog; ligesaa haves mange andre religiöse Böger i samme Sprog; mange af de Indfödte ere oplærte til at være Kateketer; to Seminarier virke til saadannes Uddannelse, og en meget udbredt Skole-oplysning raader blandt Folket. — Egede döde 1758, 73 Aar gammel.

23. BERTEL THORVALDSEN.

Bertel Thorvaldsen blev födt i Kjöbenhavn den 19de November 1770. Hans Fader Gotskalk Thorvaldsen var en Præste-sön fra Island. Faderen ernærede sig som Billed-skjærer. Sönnen, Bertel, maatte tidlig gaa sin Fader tilhaande, og da han röbede Lyst og Anlæg til at tegne, sendte Faderen ham allerede i hans ellevte Aar til Undervisning i Kunst-skolen paa Charlottenborg Slot, det saakaldte "Kunst-Academi." Da han havde fyldt det 16de Aar, havde han gjort saa god Fremgang, at han for et Pröve-arbeide vandt Udmærkelses-tegn. I 1796 forlod han Kjöbenhavn ombord i en dansk Fregat, med hvilken han skulde reise til Italien; paa Malta forlod han Fregatten og kom til Rom den 8de Marts 1797. I Begyndelsen havde han her saa liden Fremgang, at han efter 6 Aars Forlöb endog var ifærd med at reise tilbage til Danmark. Han skulde reise sammen med en tydsk Billed-hugger; Kudsken holdt allerede udenfor Dören, og Kufferten var surret paa Vognen; saa kom hans Reisefælle i sidste Öieblik og havde ikke faaet sit Pas i Orden; de maatte opsætte Reisen til næste Dag. Men den Dag skulde det hænde, at en rig Englænder kom til Thorvaldsens Atelier og der fik se hans Model til en Statue af Jason. Englænderen betragtede denne opmærksomt, vendte sig saa til den unge Billed-hugger og spurgte, hvad Arbeidet vilde koste i Marmor. Thorvaldsen forlangte 1500 Speciedaler, og Englænderen böd ham 2000; herved var Thorvaldsen given Anledning til at forblive i Rom. Rygtet om hans Jason gik ud i Verden, og allerede da begyndte Kunstforstandige i ham at hilse Gjenföderen af den græske Kunst og at sætte ham ved Siden af den berömte Canova.

Fra den Tid af og til sin Död berigede han Verden med en Masse Kunst-gjenstande, som have skaffet ham den Rang at være den nyere Tids största Billed-hugger. Han vendte i 1838 tilbage til Kjöbenhavn, hvor han den 24de Marts 1844 döde af et Slag-anfald. Hans sidste Værk var en ufuldfört Buste af Luther.

Sine Kunst-værker testamenterede han til Byen Kjöbenhavn. Til deres Opbevarelse blev bygget et særeget Museum, i hvis Midte findes hans Grav.

5*

24. Adam Gottlob Oehlenschlæger.

Oehlenschlæger er född ved Kjöbenhavn i Aaret 1779. Hans Fader var Organist, senere Slots-forvalter paa det kongelige Sommer-slot Fredriksberg. Ved Hjelp af en Friplads kom den unge Oehlenschlæger i Skole og skulde paa et Handels-contoir. Han vilde dog meget heller være Student. Der blev gjort Udveie, men istedetfor Latin og Græsk læste han Lafontaines Romaner og skrev rörende Skuespil, som opförtes med gode Venner, eller han sværmede om i Have og Lund. Nu var det hans Længsels Maal at blive Skuespiller. Han fik Instructör og Syngelærer og debuterede et Par Gange; men det gik op for ham, at han havde havt langt mere Glæde af at være Tilskuer. Ved denne Tid sluttede han Venskab med Brödrene Örsted, hvis stille, begeistrede Flid vakte en smertelig Fölelse af hans egen Omflagren. De satte Mod i ham, læste med ham, og saaledes blev han Student, Aar 1800, og skulde være Advokat.

Som ung Student besvarede han en Pris-opgave om Brugen af den nordiske Mythologi istedetfor den græske. Han skrev jevnlig Digte. Der var meget, som afbröd hans juridiske Studeringer. En Begivenhed, som rev hele Slægten med sig og vakte en heroisk Stemning, der blev ligesom en Sang-bund for kommende Digtere, var Slaget paa Rheden den 2den April 1801. Oehlenschlæger hentede derfra Stof til en lille dramatisk Digtning, den förste, vi kjende af ham.

I Sommeren 1802 blev han forestillet for Henrik Steffens, född i Norge, en begeistret Forkynder af den i Tydskland frembrydende Natur-philosophi og Romantik. Philosophen og Digteren vare snart uadskillelige Venner. I det Par Aar Steffens holdt Forelæsninger i Kjöbenhavn, fik han en blivende Indflydelse paa den yngre Slægts Betragtning af Christendom, Historie og Digtekunst; men Ingen stod han i nærmere Forhold til end Oehlenschlæger. I Aaret 1805 udgav denne to Bind "Poetiske Skrifter;" de gjorde en mægtig Virkning först og sidst paa den yngre Slægt. Nu var Digteren ogsaa selv sikker paa sit Kald. De juridiske Studier og med dem Embeds-udsigterne sagde han Farvel.

I August 1805 reiste han udenlands, og ilede til Steffens i Halle. I Udlandet var Oehlenschlæger særlig frugtbar som *nordisk* Digter. Fra Bibliotheket i Halle fik han Snorre tillaans og fandt her i Haakon Jarls Saga Stof til et Sörgespil: Hedenskabets sidste Kamp mod Christendommen. Hans næste Værk var et mythologisk Sörgespil i antik Stil: *Baldur hin Gode.* Derefter reiste han fra Halle, tilbragte nogle Maaneder hos Goethe i Weimar, siden i Dresden, hvor han daglig besögte Raphaels og Correggios Billeder i Galleriet. I November 1806 kom han til Paris.

En af Oehlenschlægers kjæreste Tanker var at blive Digter i det *tydske* foruden i det danske Sprog, at læses af de 30 Millioner og at give noget Vederlag for det Meget, han modtog af Tydsklands Forfattere. Alle havde opmuntret ham dertil, undtagen Philologen F. A. Wolf, som var af den Mening, at man kun kan være Digter i eet Sprog. Oehlenschlæger oversatte paa Tydsk "Jesus i Naturen," og endel Tragedier; derefter digtede han en ny, "Axel og Valborg." Næst "Haakon Jarl" har ingen af hans Tragedier gjort större Virkning paa Scenen end "Axel og Valborg."

I Juli 1808 reiste Oehlenschlæger fra Paris; först til en Bog-handler med sine tydske Værker, derefter til Schweitz. Han gjorde et Besög hos Digterinden Mad. Staël, som med sin Stab af tydske og franske Skjönaander holdt ham fængslet indtil Foraaret. Derfra gik det til Florentz og videre til Rom, hvor han daglig var sammen med Thorvaldsen og gik om i Musæerne. Derfra begav han sig hjem til Kjöbenhavn, hvor hans Digtninger havde fundet Indgang, saa at nu den *alvorlige* Digtekunst begyndte at blive ligesaa yndet og ligesaa national, som den komiske havde været siden Holberg.

Efter sin Hjemkomst blev han ansat som Professor i Æsthetik. Han udgav hvert Aar nye Digtninger: Fortællinger, lyriske Digte, dramatiske; at enkelte af disse vare löse eller ubetydelige, medens Forventninger og Fordringer vare stegne, begyndte at sætte Kritiken i Bevægelse. Störst Lykke gjorde altid hans nordiske Arbeider.

I 1829 gjorde han en Udflugt til Sverige. Hans Digtninger havde længe lydt over Sundet, og læstes baade paa Svensk og Dansk. Der var det Aar Promotion i Lund, i Domkirken, og her var det, at hans Ven, Biskop *Tegnér*, indledede de unge Magistres Bekrandsning med i Sangens Navn at hylde "den nordiske Sångare-Kungen" og krone hans skjönne Hoved med Laurbær-krandsen. Det var i Midtsommer 1829; den Dag blev det vitterligt, at "söndringens tid er forbi" og Stödet var givet til Naturforsker- og Studenter-Möderne og til senere Bestræbelser for Samvirken og Forening i Norden.

Oehlenschlægers Dag-værk var at digte; andet Arbeide kjendte han ikke. Snart skrev han Nyt, snart oversatte han paa Tydsk eller fra Tydsk, snart ordnede, rettede, omskrev han sine Værker til samlede Udgaver. Han opnaaede en Alder af 70 Aar og döde i 1850.

25. CHRISTOPHER HANSTEEN.

Hansteen er födt i Christiania 1784 og har fra 1814 virket som Professor i Astronomi og anvendt Mathematik ved Christiania Universitet. Tidlig begyndte han at studere Jord-magnetismen; han opdagede den nordöstlige Magnet-pol paa en Reise, han i den Hensigt foretog gjennem Siberien i Aarene 1828—30. Som bekjendt falder den magnetiske Pol ikke sammen med den geographiske. Saaledes i Bergen, Norge, er Magnet-naalens Misvisning 20 Grader mod Vest, og ved Syd-spidsen af Grönland er den over 45 Grader. Men kommer man længere mod Vest, da aftager igjen Misvisningen, og ved Vest-kysten af Hudson Bay viser Naalen lige mod Nord. I Retning af dette Punkt maa altsaa findes en Magnet-pol. En anden nordre Magnet-pol findes i det östlige Siberien, og den blev funden af Hansteen. Lignende, sydlige Magnet-poler findes paa den sydlige Halvkugle, en i New Holland og en anden i det stille Hav, sydvest for Ildlandet.

Hansteen har i 1859 udgivet en Beskrivelse over sin Reise i Siberien under Titel " Reise Erindringer." Disse udmærke sig ved et populært Sprog, og ved at de give interessante Oplysninger om Beskaffenheden af det russiske Asien og Tilstanden der. Paa hin Reise, der strakte sig gjennem hele Siberien, naaede Hansteen ligetil den chinesiske Stad Maimatschin. Tilbageveien lagde han over Kirgiser-steppen til Astrachan; han fortsatte derpaa Reisen langs Volga til Moscow og saa videre til St. Petersburg, hvor han havde Audients hos Keiser Nicolaus. Derfra gik Veien over Stockholm tilbage til hans Hjem i Christiania.

Han var i lang Tid Chef for den topographiske Opmaaling i Norge; ligeledes grundlagdes under hans Ledelse det astronomiske og magnetiske Observatorium i Christiania.

26. Michael Sars.

Sars var född i Bergen 1805. Tidlig viste han særegne Anlæg til at blive Natur-forsker. Som Sognepræst til Kinn paa Norges Vest-kyst fra Aaret 1830 befattede han sig i sine Fristunder med at undersöge de lavere Sö-dyr og udgav Beskrivelser og Afbildninger af disse. I Aaret 1837 opholdt han sig i længere Tid i Paris, undersögte de store Musæer og Bibliotheker der og stiftede Bekjendtskab med de berömteste franske Natur-forskere. Kort efter udgav han et Skrift, der indeholdt hans Opdagelser angaaende flere af de lavere Sö-dyrs Forplantning og Udvikling. Paa disse hans Opdagelser grundedes nu den blandt Zoologer bekjendte Lære om Vexel-Generation, hvilken Lære paaviser, at flere af de lavere Dyr formere sig ikke blot paa den for Dyr eiendommelige Maade, nemlig ved Æg, men ogsaa paa andre Maader, der ligne Planternes Formerelses-maade, nemlig ved Knop-dannelse og Spaltning.

I 1846—54 udgav Sars sit store Værk: "*Fauna Littoralis Norvegiæ*," et Værk, som har gjort hans Navn bekjendt overalt i den videnskabelige Verden. Universitetet i Zürich i Schweitz hædrede ham med Doctor-Graden, og den norske Regjering kaldte ham i 1854 til Professor i Zoologi ved Universitetet i Christiania. Her döde han i 1869.

III. SKETCHES FROM NATURE.

27. Vasdragene i Norge.

(*The Waters of Norway*).

Vasdragene, (Vandlöbene) ere til en fuldstændig Natur-kundskab om de skandinaviske Lande ligesaa vigtige som Bjergene. Man kan paa begge Maader bestemme Dalenes Löb. Enhver Dal gjennemströmmes af sin Elv og har Höider langs dens Bredder. Det er dog den langs Elven eller Indsöen liggende Strimmel af Dal-bund, som for Beboerne er vigtigst. Her forener sig den frugtbareste Jord-bund med det varmeste Veirlag. I Norge er det hovedsagelig kun her, at der findes Beboelse og Jordbrug. Höide-ryggen imellem Elvene eller Dalene kaldes Fjeld, Aas eller Hei i de forskjellige Egne af Landet. Men det er ikke mange Steder, at den er lav nok til at dyrkes, saaledes som naturligvis finder Sted i den bedste Del af Sverige og Finland.

Vand-systemet er ogsaa en af Skandinaviens störste Særegenheder. Paa ethvert Land-kaart vise sig de store svenske Indsöer, af hvilke Venern (108 geogr. □ Mile), Vettern (36 geogr. □ Mile), Mælaren og Hjelmaren höre til de betydeligste i Europa. Ligesaa udmærket fremhæver sig den Række af höie Fjeld-vande, som langs Lapmarken ligge lige under Rigs-grændsen. Man ser let paa Kaartet, at de laveste Egne i Fjeld-massen ere mest opfyldte med Ferskvande; fra Höifjeldene har Vandet lettere skaffet sig Aflöb. Norge har altsaa de færreste Ferskvande og Finland de fleste. Svenske Geographer have antaget, at af Norges Overflade er en tyvende Part bedækket med Ferskvand, af Sveriges en ottende Part og af Finlands en tredie Part.

Da Indsöernes Form og Störrelse bero paa Bjerg-dannelsen, er det en Selvfölge, at Norge med sine dybe, smale Fjeld-klöfter ikke kan have en saa stor Flade af Ferskvand, som Nabo-landene med sine mere udbredte og udstrakte Dal-bunde og Fjeld-marker. Kun hvor Norges Höifjelde udvide sig til en Art ujevnere Flade, findes nogle brede Söer, saasom Fæmund og Rösvand paa Grændsen af Sverige. De andre norske Indsöer have en saa langagtig Form, at de kun se ud som en Udvidelse af Elvefaret. De gaa umærkelig over i de saakaldte Stilvætninger, som alene ere saadanne strömlöse Strög af Elven. Naar vi altsaa betænke, at vor vigtigste Indsö Mjösen, uagtet sin Længde af 13½ Mil, blot udgjör lidt over 6 geogr. □ Mile, indse vi, at de andre ikke kunne være hver for sig betydelige, om de end tilsammentagne indeholde en meget stor og uberegnelig Udstrækning.

De norske Elve, som udgaa fra Fjeld-massens Vestside og falde i Atlanterhavet eller Nordsöen, maa selvfölgelig være ganske korte. Formedelst Fjeld-ryggens bratte Fald maa de ogsaa væsentligen bestaa af en fortsat Række större og mindre Fosser.

THE WATERS OF NORWAY. 113

Alene de norske og svenske Elve, som flyde nedad den östlige Skraaning, kunne have större Floders Længde. Men heller ikke disse have nogen synderlig Lighed med de store seilbare Floders bugtede, ensformige og vidtforgrenede Löb. Man maa antage, at et saadant blot kan udvikle sig der, hvor Vand-kraften selv er den eneraadende og kun möder en let overvindelig Modstand i löse Jord-arter og yngre Bjerg-dannelser. I saadanne Emner forme de store verdensberömte Elve lettelig en seilbar Rende.

Skandinaviens Floder maa tage den haarde Dal-bund, saaledes som Naturen har dannet den. Dens Modstandskraft er saa stor, at de ikke have været istand til at udslibe den til et jevnt Skraaplan. Deres Leie danner derimod, ligesom Dalen selv, en Række af Terrasser. Paa enhver Afsats rinder Elven stilt, eller danner fordetmeste en Indsö.

Nedover Trammens Kant falder den derpaa i en Fos eller Række af Stryk, indtil den naaer den næste Afsats. Uagtet altsaa ikke en eneste af alle Skandinaviens Elve er seilbar paa samme Vis som en engelsk eller mellemeuropæisk Flod, indeholde de dog næsten alle meget lange Strög af Farvand, som nu befindes at være udmærket tjenlige til Dampskibe. Fra Eidsvolds-bakken til Lillehammer er saaledes $14\frac{1}{2}$ Mil af seilbart Farvand. Ovenfor og nedenfor ere strax höie Fosser.

En anden Synderlighed ved en Mængde af Skandinaviens Floder er, at de kunne flyde i Snese af Mile gjennem en Dal saa ensformig i Bredde og uforgrenet som en Fjeld-sprække. De have altsaa ingen betydelige Bifloder eller Tverdale. De forbinde ikke Landskaberne til Siden af sig, men kun langs efter sit Löb. Mærkeligst udpræget er denne besynderlige Karakter i den norske Numedals-Laagen og i den Række af Elve, som jevnsides strömme igjennem de svenske Lapmarker til den botniske Vik.

28. En Reise tversover Norge.

(*A Trip across Norway*).

Det var Midtsommer, da jeg besluttede at ledsage en Ven tversover Höifjeldet fra Christiania paa Öst-kysten til Eidfjord paa Vest-kysten af Norge. Reisen gik först til Kongsberg, hvor vi vilde bese Sölv-gruberne. Ankomne did begave vi os til Stollen og gjennem den ned i Gruben, omtrent 2000 Fod dyb. En Fakkelbærer ledsagede os og viste os under Nedstigningen store Sölv-klumper siddende i Berget. Efter en Times Nedstigning naaede vi Bunden, hvor Grube-arbeiderne vare i fuld Virksomhed. Vi betragtede dem en Stund og begyndte saa Opstigningen. Efterat være komne ud i Dags-lyset igjen, besögte vi de med Gruben forbundne Pukværker, og vendte saa tilbage til Kongsberg, for der at bese Smeltehytten, Mynten og Geværfabrikken.

Fra Kongsberg droge vi mod Nord op gjennem Numedal. Efter 2 Dages Reise naaede vi Dalens nordligste Gaard, kaldet Norstebö. Her hyrede vi en Mand med to Heste til at före os over Höifjeldet, og saa begyndte Opstigningen. Veien slyngede sig i Zigzag langs Bjergets Side og förte os stadigen opad i hele otte

Timer, indtil vi endelig naaede en Sæter, nær Plateauet. Til denne Sæter kom vi ved Sol-nedgang og hvilede der til næste Dags Morgen. Næste Dag stod vi tidlig op, da vi havde 6 norske Mile at fare tversover Fjeldet, inden vi naaede nogen Menneske-bolig. — Vi iförte os vore Regn-kapper for at holde den gjennemtrængende Vind ude, stege saa til Hest og vare snart paa Fjeld-vidden. Hvilket Syn, storartet og trist! Det gule Rensdyr-mos mödte Öiet overalt. Hist og her laa endnu Sne, uagtet det var i Juli Maaned. Fjeld-vidden var overströet med större og mindre Sten-brokker, hvilke tjene som Veivisere i denne Bjerg-örken. Thi paa de större af dem, langs med Vei-linien, have de Reisende opstablet mindre Stene, saa det hele danner etslags Pyramide, og idet man passerer en af disse, faaer man Öie paa den næste. Disse Pyramider ere de eneste Spor af Mennesker i denne Örken, og der er en vis Tröst i dem, idet de forsikkre Vandreren om, at han er paa ret Vei. Flere Gange passerede vi smaa Sten-hytter, opstablede til Beskyttelse for dem, der overfaldes af Uveir paa Fjeldet, eller ere ude paa Rensdyr-jagt. I Nærheden af disse Hytter saa vi oftere Rensdyr-horn, men vi mödte ikke et Menneske den hele Dag. Kort efter Middag underrettede vor Veiviser os om, at nu begyndte Vandene at löbe *med* os, det er: mod Vest, thi hidindtil havde de löbet *imod* os, det er: mod Öst. Vi havde altsaa nu naaet den höieste Del af Fjeld-vidden. Nær os laa en Jökul, kaldet *Halling-Jökulen*. Vi skyndte os videre for at naa vort Bestemmelses-sted, en Sæter kaldet Nybö, der laa lige ved den övre Kant af Fjeldets vestre Side.

Sent om Aftenen kom vi did og hvilede der Natten over. Tidlig næste Dags Morgen begyndte vi Vandringen igjen for at naa den överste Bergenhusiske Gaard, kaldet Maursæt. Her tog vi Afsked med vor Veiviser fra Norstebö og hyrede en anden. Fra Maursæt gik det nu bestandig nedad langs en Elv, kaldet Björei, indtil vi naaede Gaarden Höl. Her fik vi en Mand til at vise os det berömte Vandfald, Vöringfossen. At dette Vandfald er berömt ogsaa udenfor Norge, kunde vi slutte ved at gjennemblade "de Reisendes Bog" paa Gaarden Höl. I den Bog anmodes nemlig alle de Reisende, der komme for at se Fossen, om at antegne deres Navne; blandt de antegnede Navne fandt vi ogsaa Lord og Lady Palmerstons og Navnene paa mangfoldige andre engelske Lorder og Ladier, som i deres Lyst-jagter havde seilet over Nordsöen og op Hardanger-fjorden saa langt, at de efter Land-stigningen kun havde en norsk Mils Vei til Fossen. Vor Veiviser fra Höl förte os da til Vöringfossen. Endelig gabede den store Klöft os imöde. Nogle Skridt mere, og vi stode paa Kanten. Klippen, hvorpaa vi stode, laa 1200 Fod over Dybet, og ligeoverfor os paa den anden Side af Klöften hævede Klippe- væggen sig endnu 400 Fod höiere. Fra Toppen af denne faldt en lodret Vand-stribe ned til Bunden af Klöften. Til Höire af os kom Elven Björei flydende ned fra Höifjeldet, indtil den naaede Klöftens övre Kant (omtrent 300 Fod under vort Stade), hvorfra den i en samlet Vand-masse styrter ned og danner et Vandfald, 900 Fod höit. Medens vi betragtede dette, fortalte vor Veiviser os, at man kunde nærme sig Fossen nedenfra, ved at trænge ind fra Mundingen af Klöften langs den ene Fjeld-væg.

Efter at have seet os mæt paa Fossen, fortsatte vi vor Nedstigning til Eidfjord. Vi kom til en Precipice, fra hvilken etslags Vindeltrappe af opstablede Stene förte os ned i Maabö-Dalen. Det tog os næsten en Time at komme ned ad Trappen, der tæller omtrent 1500 Trin. Efter at være komne ud fra den trange Maabö-Dal, stode vi igjen paa en Bjerg-skrænt, hvorfra vi skuede ned i Eidfjord-Dalen. Nedkomne i denne Dal havde vi omtrent ¾ norsk Mil til Kysten, som vi naaede ved Sol-nedgang. Saaledes havde vi i Löbet af syv Dage reist tversover Norge.

29. Midnat-Solen.

(The Midnight Sun).

Klokken var nu elleve om Aftenen, og Sværholt-klubben glödede med ildagtig Glands, da vi seilede den forbi. I Nat-solen glimtede Sværmene af tilbagevendende Fugle ligesom Dynger af Böge-blade i October. Langt mod Nord laa Solen i en Seng af safrangult Lys over Nord-ishavets klare Horizont. Nogle faa Striber af blændende orangegule Skyer svævede ovenover den, og höiere op i Luften, hvor den safrangule Farve gjennem en fin Rosen-colör flöd over i det Blaa, hang lette Dunst-krandse, penslede med en perleglindsende Tilströmning af Lyserödt og Graagult. Havet var som en lys, skiferfarvet Væv, isprængt med safrangule og orangefarvede Traade, som en Fölge af de mangfoldigt skiftende og blinkende Vand-krusninger. Luften var fyldt og gjennemtrængt med den milde, hemmelighedsfulde Glöd, og endog selve Syd-himlens Azurblaa syntes her at skinne gjennem et Net af gyldent Flor. De fremspringende Dele af denne dybt indskaarne Kyst — Forbjergene ved Laxe- og Porsanger-Fjordene samt paa Magerōen—laa omkring os i forskjellig Afstand, men alle med deres Forhoveder berörte af en overnaturlig Straale-glands. Fjernt mod Nord-öst var Nordkyn, det nordligste Punkt af Europas Fastland, glimtende mat og rosenfarvet i de fulde Sol-straaler; og just som vor Vagt-mand ombord gav Tegn for Midnat, viste Nordkap sig mod Vest som en lang Linie af en purpurfarvet Skrænt, der frembōd mod Polarhavet en lodret Front af 900 Fods Höide. Midt imellem disse to prægtige Forbjerge stod Midnat-Solen, skinnende paa os med dæmpet Ild-glands og med den glimrende Farve, som er egen for en Tid, for hvilken vi intet Navn have— da den hverken er Sol-nedgang eller Sol-opgang, men den blandede Skjönhed af begge—og paa samme Tid skinnende med en saadan Hede og Glands som Middags-Solen paa Öerne i det stille Ocean.

Dette var *Midnat*-Solen, saaledes som jeg havde drömt den, saaledes som jeg havde haabet at se den.

Inden femten Minuter efter Midnat var Solens Stigning mærkbar, og i mindre end en halv Time var Himmelens hele Tone forandret, idet den gule Farve gik over i Orange, og det Safrangule flöd over i Morgengryets blege Carmoisinröde. Dog var det hverken de samme Farver eller den samme Art af Lys, som vi havde havt en halv Time *för* Midnat. Forskjellen var saa ringe, at den neppe lader sig beskrive; men det var Forskjellen mellem Aften og Morgen. Den svageste Overgang fra en fremherskende Farve til en anden havde forandret Himmelens og Jordens hele Udtryk, og det saa umærkeligt og miraculöst, at en ny Dag allerede var traadt frem for vor Bevidsthed. Vor Beskuelse af Sværholts vilde Klipper for neppe to Timer siden tilhörte Gaarsdagen, skjöndt vi den hele Mellemtid havde staaet paa Dækket i fuldt Sol-skin. Havde da Fornemmelsen af en Nat sluppet gjennem vor Hjerne i et Öieblik? Eller var den gamle Rutine af Bevidsthed saa fast stereotyperet i vor Natur, at Synet af en Morgen var for den Bevis nok paa, at der maatte have været en Nat i Forveien. Lad dem, som kunne det, forklare Phenomenet,—men jeg fandt mine physiske Fornemmelser aldeles i Strid med de Sindets Forestillinger, hvormed de skulde harmonere. Öiet saa kun een uendelig Dag; men Sindet mærkede de 24 Timer paa sin Kalender, ligesom för.

30. REN-HJORDER I FINMARKEN.
(*Herds of Reindeer in Finmarken*).

Sidst i Februar 1828 reiste jeg til Per Banner, Öst- og Vest-Finmarkens rigeste Fjeld-fin. Hans Telt var lidet og laset og bar Spor af Mangel og Fattigdom; kun de mange Hunde og en Mangfoldighed af Ren vidnede om den rige og mægtige Finne-magnat. Konen var fraværende i et andet Telt; da Per Banner maatte dele sin store Hjord i flere mindre, maatte han ogsaa have flere Telte.

Löverdag Morgen den 1ste Marts kom hans Kone og tvende Sönner og med dem en 3500 Ren. Man tænke sig dette Antal Dyr. Hvilken Bevægelse, hvilket Liv fjern og nær! Eftersom Renene, drevne frem af Hyrderne og Hundene, nærme sig, sees tydeligere og tydeligere det indre bevægede Liv, forskjelligt fra det Heles fremadskridende Bevægelse, som er jevn og ensformig. Flere hundrede sees paa engang at sætte afsted i Galop, for strax igjen at standses. Nogle löfte deres hornede Hoveder og se sig om, andre böie deres Hoveder under Gangen for at æde Sne eller Mose, andre lægge sig endog ned for i næste Öieblik at jages op igjen. Flere hundrede vandre ganske roligt, men ogsaa disse Hobe oplöse sig og adspredes; Hyrdernes Raaben og Hundenes Gjöen bliver efterhaanden mere og mere hörbar. Saaledes nærmer sig Hjorden langsomt og af en imponerende Karakter. Rundt omkring paa Udkanterne streife altid dels enkelte Ren, dels större og mindre Flokke i modvillig Overgivenhed, men drevne tilbage af Hundene styrte de sig ind i Hoved-colonnen og udbrede der for nogle Öieblikke Forvirring. Naar disse Tusinder da omsider have leiret sig og ere komne til Rolighed omkring Teltet, dels staaende, dels liggende, saa hersker der dog uafbrudt en livlig Bevægelse; thi Renen kan vel være stille, naar den ligger, men ikke naar den staar.

Inde iblandt Dyrene gik Per Banners tvende Sönner med Ren-slyngerne, fulgte af Söstrene, som havde Tömmer i Hænderne. Iblandt den vrimlende Mangfoldighed af saa mange hundrede Ren, skjelner en Fjeldfin allerede i betydelig Afstand, med sit skarpe og övede Öie, det ene Dyr fra det andet, og finder snart det, som han vil fange. Ikke mindre Færdighed besidder hans Haand, som paa en Afstand af 15—20 Skridt, ja længere, forstaar at udkaste Slyngen og fange det Dyr, han vil have. Naar han udkaster Slyngen, er han tæt omringet af Dyrene, over hvilke Slyngen nu farer hen. Idet det trufne Dyr föler sit Hoved berört af Noget, löfter det Hovedet forskrækket i Veiret og sætter afsted, hvorved det trækker Slyngen fastere til. Er det en tam og rolig Ren, saa gjör den, rammet af Slyngen, ingen videre betydelige Spring, men lader sig snart helt taalmodig lægge en Tömme om Hovedet, hvorefter Slyngen tages af den, og den bindes nu til et Træ eller til hvilkensomhelst Gjenstand. Men stundom rammer Slyngen et utæmt Dyr, og da opstaar ofte megen Ugreie. Naar nemlig Slyngen farer hen over Dyrene, löfte de, forskrækkede ved Finnens Arm-bevægelser, Hovederne hastigt i Veiret, og opfange derved med Hornene den udkastede Slynge; hænder dette et utæmt Dyr, saa sætter det öieblikkeligen afsted i vild Heftighed. Fjeldfinnen veed, hvad der nu vil ske, og holder derfor af al Magt fast i Slyngen. Uventet og öieblikkeligen holdt tilbage ved Hornene, styrter Dyret om i Sneen; dets voldsomme Ryk kaster som oftest ogsaa Finnen til Jorden, uden at han dog derved slipper Slyngen. Hurtig som Lynet er Renen igjen paa Benene, steiler höit i Veiret og galoperer i vildt Raseri frem og tilbage, og da Slyngen derved snart kommer om Forbenene og snart om Bagbenene, saa gjör Dyret de morsomste Caprioler og Luft-spring for at faae Benene fri. Öiet kan neppe fölge Hurtigheden af dets Bevægelser. Ligesaa gjerne som Dyret vil lös, ligesaa gjerne vil Finnen blive det kvit, naar han kun kunde faae löst Slyngen, men som Dyret ved sine vilde, ubændige Spring stedse mere og

6

mere indvikler sig i. Det trækker Finnen afsted med sig lange Stykker. Under denne Kamp er Alt sprunget forskrækket tilside. Ved efterhaanden at vikle Slyngen mere og mere om Armen, kommer Finnen stedse Dyret nærmere og nærmere ind paa Livet. Opbragt herover steiler det og söger med Forbenene, der gaa som Tromme-stikker, at kjöle sin Harme og slaa Finnen til Jorden. Saa stille og ubemærket som muligt har imidlertid en anden Fin nærmet sig, men nu bliver Dyret ogsaa ham vaer, og fordobler nu sin Heftighed. Omsider lykkes det den sidst ankomne Fin fra Siden af at komme Renen ind paa Livet, og rask og behændig favner han det. Med Bagbenene söger Renen at sparke begge sine Modstandere fra sig men forgjæves. Pludseligen bliver Dyret ganske stille og rörer sig ikke, men staar med ludet Hoved, medens Öinene lure og löbe om i Hovedet til alle Sider. Paa engang hæver det Hovedet, stanger, steiler og slaar med Forbenene, styrter overende og tager begge Finnerne med sig i Faldet, og alle tre ligge nu i Sneen og kjæmpe og komme atter op igjen. Omsider have Finnerne faaet Slyngen af Dyret, og i vild Galop farer det nu afsted henover Sneen, thi det tror sig ikke sikker, forend det har trængt sig dybt ind i den tætteste Hob af de andre Dyr, udbredende her en öieblikkelig Skræk, Forvirring og Flugt, hvori de dog blive hindrede af Hundene, og slutte sig derfor endnu tættere sammen.

31. Bestigélse af Hestmand-Fjeldet.
(*Ascension of the Horseman Mountain*).

Polarkredsen overkjærer den sælsomt dannede Hestmand-Ö, en Klippe, der rager op til 2000 Fod ligefra Hav-speilet. Naar man vestenfra i nogen Afstand betragter denne Fjeld-kolos, da viser den et Udseende af en i en Kappe indhyllet Rytter, der sidder paa en Heste-ryg; deraf dens Navn; og naar nu Hav-skodden, som ofte hænder, hvirvler sig rundt, samler og atter spreder sig om Fjeldet, da synes det for en ikke altfor træg Indbildnings-kraft, som om Rytter-kappen flagrede i Vinden. Denne prægtige Klippe sees i mange Miles Afstand baade nordfra og sydfra.

Vi kastede Anker udenfor Öen, og tilligemed Peter og Arendt, den förste bevæbnet med sin Baads-hage, gik jeg iland for paa Gaarden under Fjeldet at erholde en Veiviser. Beboerne fraraadede os ganske at bestige Klippen; "thi vistnok kommer man et Stykke op uden synderlig Anstrengelse, men den överste Tind er endnu ikke betraadt af nogen menneskelig Fod."

Peter lyttede til med spændt Opmærksomhed og sagde blot: "Er den saa reint fæl da?"

Jeg besluttede alligevel, siden vi nu engang vare paa Öen, at bestige Fjeldet saa höit, som det var muligt.

I Begyndelsen gik det opad en ganske mild Helding, men som stedse blev steilere og steilere, indtil en skarp Klippe-rand, lig Möningen af et Tag, afskar Skraaningen. Idet jeg vilde træde op paa denne Eg, raabte Veiviseren, som gik bagefter mig: "Pas Jer, Lieutenant!"

Og han havde Grund til Udraabet, thi neppe var min Fod kommen op, för jeg uvilkaarlig drog den tilbage med Forbauselse, jeg kan tilföie med Gysen og Gru. Denne skarpe Eg var vel maaske et Hundrede Fod i Længden, men neppe fem Fod i Bredden, og fra dens modsatte Rand styrtede Klippen sig i en eneste 1800 Fod höi Afsats lodret ned i Havet. To Skridt videre, og det havde baaret lige ned i Afgrunden. En frygteligere Fjeld-afstyrtning har jeg aldrig seet.

Men fem Fod er ogsaa en Störrelse, og da vi nu havde gjort os fortrolige med Situationen, traadte vi alle ved Siden af hverandre op paa Eggen, og betragtede de storartede Omgivelser rundt om os.

Der langt ude i Havet mod Vest hævede den ubestigelige Klippe, Trænstaven, sig höit op i Luften; mod Nord det skarpe Forbjerg Kunna; i Öst paa Fastlandet skinnede Norges störste Isbræ, Fonden, glimrende i Solbelysning, og mod Syd kunde Öiet endnu med Tydelighed se "de syv Söstre" paa Alsten-Ö og skimte Verdens-underet "Torghatten" i over 12 Miles Afstand.

Dog vare vi langtfra komne til Klippens Top. Strax til Höire hævede der sig et nogle hundrede Fod höit og ligesaa tykt Klippe-stykke, der dannede Öens höieste Punkt, Hestens Hoved og Ören. Til alle Sider ludede det ud over sin Fod.

"Deroppe har intet Menneske været," sagde Veiviseren.

"Men skulde der ikke paa den anden Side være en Revne eller Klöft, hvor et Menneske kunde trænge sig frem?"

Veiviseren rystede med Hovedet — "Heste-hovedet hænger udover paa alle Kanter."

ASCENSION OF THE HORSEMAN MOUNTAIN. 125

"Men hvor er Peter bleven af? Har Nogen af Eder seet ham?"

"Nei, ikke paa en god Stund."

"Det dumdristige Menneske; han kan bringe en Ulykke over sig. Kanske han allerede er styrtet ned over Klippe-væggen."

"Det er vel snart en halv Time, siden vi saa ham."

"Peter," raabte jeg, men fik intet Svar.

Nu gav hele mit Mandskab sig til at skraale af alle Kræfter: "Peter, Hoi! Peter, Hoi!"

"Haloi, haloi!" tonede det fra Toppen af den overhængende Klippe. Vi vendte Blikket didhen. Der stod Peter i en höist malerisk Stilling, i den venstre Haand holdt han Baads-hagen, og med den höire stöttede han sig til en af de höie, spidse Klippe-blokke, der danne Heste-hovedets Ören. Under ham gik Fjeldet i overhængende Bue ned mod vort Standpunkt. Veiviseren stirrede paa ham med aaben Mund og slog Hænderne sammen i den höieste Forbauselse: "Nei, nu har jeg aldrig Magen seet!"

"Men Peter, er Du rasende? Kom ned!"

"Ja det gaar nu ikke saa beint," skreg Peter fra Höiden, "op kom jeg, men hvordan jeg skal komme ned, det skjönner jeg ikke saa ret; men jeg faaer pröve det;" og dermed forsvandt han.

Inden et Kvarter var forlöbet, stod Peter hos os. Han var kröben tilhöire langs Foden af Fjeld-afhænget, og da han bemærkede nogle smaa Sprækker paa .et Sted, hvor Klippe-siden var mindre overhængende, havde han ved Baads-hagens Hjelp entret sig op.

(*Af "Billeder og Minder fra mit Kyst-maaler Liv."*)

32. Rensdyr-Jagt paa Höifjeldet.

(*Reindeer Hunting on the High Mountain*).

Himlen var overskyet, Dagen sval. Over Fjeldet svævede endnu Taagen; kun af og til bröd Solen svagt igjennem og aabnede for os i usikkre, svævende Omrids anelsesfulde Fjernsyn af den öde Fjeld-natur. Vi vare snart udenfor Sæter-kredsen og inde i den Region, hvor Sne-spurvenes monotone Kvidren i Luften blander sig med Rypernes Karren mellem Dværg-birken, Enerbusken og Vidjerne. Först efter flere Timers Vandring begyndte en anden Region, nemlig Lavarternes. Renmosen og flere andre Arter af denne nöisomme Plantefamilie bedækkede skraanende Flader og Höider, der dannede en graagrön Forgrund, bag hvilken mörke, triste Furer, dækkede med islandsk Mose, bredte sig ud det öde Fjerne. Heiloens Flöiten blandede sig med Vindens og Sne-bækkenes Sus og Brus. Men efter nogen Tid aftog og forsvandt ogsaa disse Spor af Plantevæxt og Liv, og vi vare inde i Alpe-regionen, paa Höiden af Fjeld-plateauet. Her er det, at Renen i Sommer-tiden söger et sundt og luftigt Tilhold, et Fristed for Ren-fluens Forfölgelser. Den rige Flora i Smaadalene mellem disse Sten-hobe, Is-ranunkelen eller Ren-blommen, der ofte lige ved Sne-fondernes Rand voxer i den Jord, som dannes af de opsmuldrede Stene, yder, i Forening med Lavarterne paa Skraaningerne, Dyret en krydret, duftende og rigelig Föde. Paa langt Hold öiner det paa disse Heier sin Fiende, og Vinden, som stedse stryger hen over dem, varsler det oftest gjennem Luften om den Fare, der nærmer sig, længe för dets skarpe Öie endnu kan opdage den.

Da vi vare komne ind paa Graahö, var det Middagstid. Solen havde forlængst spredt Taagerne, og en livlig Söndenvind feiede den ene skyggende Sky-masse efter den anden nordover. Her vendte vore Ledsagere det Graa ud af sine röde Huer; thi i dette Strög skulde vi vente at faae Dyr i Sigte. Medens vi forgjæves speidede gjennem Kikkerten paa alle Höider og Skraaninger indtil et Par Miles Afstand, gik Thor stille foran med ludende Hoved, stirrende ned mellem Stenene; tilsidst lagde han sig helt ned.

"Her er Slag efter et Dyr," sagde han og viste et for mit uövede Öie neppe synligt Indtryk af Klover. "Og der staar en afbrudt Renblom-stilk; den er saa frisk, at Saften tyter af den. Her har været en Flok paa Beite, og det er ikke længe siden.

"Se Hunden," sagde Anders, som kom efter og förte en spidssnudet, stærklemmet Gaards-hund med opretstaaende Ören i Kobbel; "se, hvor den veirer mod Vinden; her har været Dyr, eller ogsaa ere de ikke langt borte."

"Ja, Dyr er det, den veirer, og ikke Hare; den löfter for meget paa Næsen til det," sagde Thor, idet han klappede og opmuntrede Hunden, som slog med Halen og med et eiendommeligt Udtryk af Velbehag·i korte Pust trak og udstödte Luften.

"Ja, ja, tag dem du, Bamse min! De ere ikke saa nær endda; men det kan ikke vare længe, för vi faae se dem. Nu kunde det være Tid til at none; vi have gaaet langt idag, og det kan være ymse, om vi faae hvile saa snart, naar vi faae se Renen. Her er Vand, og her er Leiested godt nok," föiede han til, idet han uden at vente paa Svar lagde Niste-skræppen og Bössen fra sig. Anders bandt Hunden ved en Sten og lagde sig, saa lang han var, paa alle Fire for at drikke af det kolde, mellem Stenene silrende Sne-vand. Jeg kastede mig ned paa Stenene, medens min britiske Ledsager, Sir John, der fandt dette Ophold höist utidigt, protesterede mod Mad, mod Hvile, mod Tobak og mod Alt, för han havde seet "Reindeer." Först da han efter en kraftig Forestilling af Thor var bleven vis paa, at Dyrene vare flere engelske Mile fra os, og at der efter al Rimelighed vilde hengaa flere Timer, inden vi kom i Nærheden af dem, gav han sig tilfreds og tog tiltakke med den Niste, Mari Laurgaard havde medgivet os, med et Bæger af Jagt-flasken, med en Drik af Sne-vandet og med at strække sine Lemmer paa de haarde Stene.

Thor, som, lige siden vi kom ind paa Fjeldet, havde været stille, ordknap, og med Opmærksomhed gjennemspeidet alle Strög fjern og nær, var en anden Mand under Hvilen. Han fortalte paa en höist anskuelig Maade den ene Jagt-historie efter den anden, og viste os flere indenfor vor Syns-vidde liggende Steder, som havde været Skuepladsen for hans Bedrifter.

Sir John, som oftere havde tilbragt Jagt-tiden paa en Slægtnings Godser i Skotland, gav ogsaa nogle Historier tilbedste.

Vederkvægede reiste vi os, ethvert Spor af Træthed var forsvundet, og da vi atter skrede hen over Höisletten, fölte vi ret Hvilens og den friske Fjeld-lufts styrkende Kraft i spændstige Muskler og lette Trin. Vi havde neppe gaaet tusinde Skridt frem, för Thor standsede. Stirrende ud i det Fjerne, skyggede han over Öinene med Haanden, vendte sig, langede efter min Kikkert og sagde:

"Det er ikke godt at se Graadyr mellem Graasten; —der er en Flok; tre, fire, en glup Buk, og en til; syv, otte, ti, tolv, tretten" tællede han.

"Er der tretten, maa en være feig," raabte Anders.

"Se lige over i den graa Sten-uren, som Skyen skygger over; der gaar ud ligesom en Tange af Sne," sagde Thor og anviste med Bössen den Retning, vi skulde söge igjennem Kikkerten.

Afstanden var en tre Fjerding Vei. Efter Thors Anvisning maatte vi gaa over en dyb Dal og nordenom en Höide, hvor Flokken befandt sig, for at komme under Vinden og möde dem under Sne-fonden. Jagtlysten sittrede i vore Lemmer; Længsel efter at komme Dyr-flokken paa Skud bevingede vore Skridt og gjorde Vandringen let. Men da vi vaersomt smygende kom frem ved Randen af Sne-fonden, saa vi kun Spor af, at Flokken havde været paa dette Sted. "Det turde vel hænde, at vi træffe dem endnu för Sol-nedgang," mente Thor.

Vi vandrede hen over Fjeld-skraaninger og Snefonder, ned ad den ene Ur og opad den anden. Vinden havde lagt sig, og Solen kastede sit sidste gyldne Skjær over Stene og Sne-fonder. Ved en af disse ser jeg, i den klare Belysning strax ovenfor os, et Par Horn rage op af en Fordybning.

"Læg Dere ned," hviskede Thor i samme Öieblik.

Paa Knæer og Hænder kravlede vi frem mellem Ste-

6*

nene, indtil vi oversaa den lille Fordybning, hvori Flokken stod. Det var de samme tretten Dyr, vi havde seet paa Bræen. Holdet var dröit men ingenlunde for langt, og det havde sine Vanskeligheder at komme længere frem uden at blive seet. Jeg lagde for Öiet og vilde trykke lös, men Sir John raabte med fuld Stemme: "Skyd ikke, det er altfor langt!"

"Det er ikke for langt," hviskede Thor utaalmodig. Han kastede Riflen til Kinden. Det smaldt, og den ene Buk satte midt ud af Flokken med et uhyre Spring og tumlede derpaa om paa Sneen. Den reiste sig atter op paa Forbenene men styrtede strax ned med et dybt Gisp. Vi ilede hen til Sne-fonden, hvor Hunden stod og slikkede Blodet af det stolte Dyr. Thor endte dets Döds-kamp ved at stöde det Kniven i Nakken, og da vi havde betragtet det fra alle Kanter, gav han sig til at flaa, en Forretning, der ved Anders's Bistand udförtes i kort Tid. Huden, Hornene og Laarene toge vi med; de övrige, mindre værdifulde Dele bleve gravede ned i Uren for at afhentes næste Dag.

(Af "*Höifjelds-billeder.*")

33. NORSK FÆDRELANDS-SANG.

(*A Norwegian Patriotic Song*).

Hvor herligt er mit Födeland,
Det havomkrandste gamle Norge!
Sku disse stolte Klippe-borge,
Som evig trodse Tidens Tand,—
Urverdners gamle Bauta-stene,
Der gjennem Klodens Storme ene

A NORWEGIAN PATRIOTIC SONG. 131

Som Kjæmper end, i Brynjer blaa,
Med Sölver-hjelm om Issen staa!

Da Aukathor saa Norges Fjeld,
Sin Konge-stol han der opreiste;
De Kjæmper, som mod Skyen kneiste,
De huede hans Helte-sjel.
Naar höit i Sky sin Vogn han kjörte,
Sin Hyldest han fra Klippen hörte;
De Kjæmpe-stemmer hylded' Thor:
Da var der Helteold i Nord!

Jeg har de gamle Sagn saa kjær,
Naar Luren gjennem Dalen toner
Vemodigt mellem Birkens Kroner,
Da drömmer jeg om Blod paa Sværd.
Naar Fossen vildt fra Klippen skummer,
Sin monotone Bas den brummer,
Da tykkes mig, jeg hörer Klang
Af Vaaben-storm og Skjalde-sang.

I Fjeldets Sön endnu jeg ser
Et Skud af gamle Kjæmpe-stammen;
I Öjet funkler Helte-flammen,
Som freidig kun ad Faren ler.
I Pigens Öine blaa jeg skuer
Uskyldighed og Sjofnas Luer,
Og Yduns evig-unge Vaar
Paa hendes Kinder farvet staar.

Ja! herligt er mit Födeland,
Det gamle, klippefaste Norge,

Med Sommer-dal og Vinter-borge,
Der evig trodse Tidens Tand.
Om Kloden rokkes end, dets Fjelde
Skal Stormen dog ei kunne fælde;
Som Bauta end de skulle staa,
Og vise, hvor vort Norge laa.

34. UDFARTEN.
(The Departure).

Det var en dæmrende Sommer-nat,
   Et Skib laa tæt under Ö,
Hvor dunkle Lunde og hængende Krat
   Sig speiled' i klaren Sö.

Alt gik en forfriskende Morgen-luft
   Igjennem den stille Nat,
Og Söens Aande og Græssets Duft
   Södt havde sig sammensat.

Det dunkle Skib endnu roligt laa,
   Dets Master mod Himlen stod,
Dog havde det alt beredt sig paa
   At sprede sin Vinge god.

Thi naar Dagens förste Gylden-bud
   Sit Skjær over Aasen gav,
Da skulde det stævne af Fjorden ud
   Mod det vilde, fremmede Hav.

Og se! Paa Dækket, forventningsfuld
   Min unge Hustru sad;

Hun var saa fager, hun var saa huld
  Som den rödmende Roses Blad.

Hun havde sin Haand i min ömt lagt,
  Mens ud i det fjerne hun saa —
Hendes Dröm var nu til Gjerning bragt:
  Vi skulde tilsammen gaa

Langt over Hav til fremmede Kyst,
  Til Sydens deilige Land,
Vi skulde vandre i Ungdoms-lyst
  Ved Arnos, ved Tibrens Strand.

For hende laa Livet saa morgenklart,
  Saa daglangt, saa skjönhedsrigt —
Hun svævede ud paa den herlige Fart
  Som Dronningen i et Digt.

Gud være lovet, hun da ei saa
  Ret dybt i Fremtiden ind:
Ei længe derefter hun stille laa
  Under Muld med hviden Kind.

35. En Stranding paa Vestkysten af Jylland.
(*A Stranding on the Western Coast of Jutland*).

Blæsten var stegen til Storm. Havet brölte i sin grummeste Vrede. Sandet fra Klit-bjergene pidskede os i Ansigtet, og Skum flöi som Sne-flager hen over vore Hoveder. Med vidtopspilede Öine foer jeg ud paa Hav-klinten, der syntes at ryste under mine Födder. De mörke Vande vare forvandlede til Fraade· en Stövregn af Skum fordunklede Udsigten, og Bölgernes Torden dövede mine Örer. "Hvor?" raabte jeg til min Side-mand. Han udstrakte Armen; nu saa jeg det ulykkelige Skib, neppe et Kugle-skud borte. "Kan han ikke endnu bjerge sig?" spurgte jeg. "Ikke om han saa var den eneste Seiler paa Havet," löd Svaret, "han kan ikke længer klare sig af Landet—han *skal* strande."

Ravende, tumlende kom Skibet nærmere.—"Nu!" skreg Alle paa engang, "nu er han ved den förste Revle."—"Han stöder!" raabte En. "Nei!" raabte en Anden; "der kommer en Sö, den skal hjelpe ham." Den kom—Skibet hævedes af den vældige Bölge— dalede—"han er over" löd det; der faldt en Sten fra mit Hjerte; men jeg kjendte ikke den jydske Kyst. Faa Secunder efter hed det: "Der staar han!" Det var paa den mellemste Revle. Mig forekom det, som om han endnu seilede; men det var kun Skibets Slingring og Huggen paa Grunden. Blot et Bösse-skud fra Land standsede det; jeg haabede derfor, at Folkene skulde bjerges. De firede ogsaa en Baad ned, to Mænd sprang efter; da kom en Styrtesö og rev den med sig. I Stumper og Stykker kastedes den ind til Bredden; men Folkene kom aldrig tilsyne. Besætningens Skrig, da den forsvandt, trængte igjennem Stormens Hvinen og Brændingens Torden.

Nu kom derudefra indvæltende en Række af Bölger, höiere, sværere end nogen tilforn—ni, sige Kystbeboerne, fölge efter hverandre, den sidste den störste af dem alle. Da den förste ramte Skibet, gav dette et

Ryk til Siden — et Skrig, stærkere, vildere end det förste, löd fra det ængstede Mandskab. Den næste Bölge dreiede Skibet endnu mere og overskyllede det forreste halve Dæk. Matroserne klattrede op i Vanterne og surrede sig fast. Ved enhver nu paafölgende Sö-styrtning svaiede Skibet mere og mere, indtil det omsider vendte hele Siden mod Landet. Tougværket lösreves og slyngedes hid og did; Masterne dinglede.

Efter dette heftige Pust blev et Ophold, i hvilket Havet syntes at ville samle Kræfter til et nyt og voldsommere Anfald. De ængstede Sö-mænd udstrakte deres Hænder, snart mod den mörke Himmel, snart mod Landet — det Land, der var dem saa nær, og som de dog aldrig levende skulde naa. Deres Skrig vare som Kniv stik i mit unge Bryst. Men der var ingen Mulighed i at komme dem tilhjelp; og forgjeves raabte Havboerne, at de skulde fæste Toug om Fade eller Tönder og kaste dem overbord. De hörte det ikke, eller de forstode det ikke.

Da viste sig et nyt og rörende Syn. En Mand sprang ud af Ruffet, en Kvinde efter ham. Han kastede sine Öine til Havet, til Landet, og derpaa omfavnede de hinanden. Det maa sikkert have været Captainen og hans Kone. Pludselig reve de sig lös, foer ind i Ruffet og kom strax tilbage med en stor Pakke mellem sig; ved et Toug firede de den ned i Vandet. Derpaa knælede begge og udstrakte sine Arme bedende imod os. Pakken holdt sig godt ovenpaa, skjöndt tumlet af Brændingen op og ned. Snart kastedes den helt paa Land; en Mand greb den, bar den höiere op og löste Touget. Nu först sprang hine to op og udstödte et Skrig, der klang som Glæde. Hurtig bandt han hende med *sin* Ende af Touget fast til et Bræt—for silde! En ny Bölge-gang naaede Vraget. Den förste væltede sig brölende og fraadende helt hen over det. Den ene Mast gik overbord med alle dem, der hang i dens Tougværk; Captainen og hans Kone vare forsvundne. Paa Landet haledes af alle Kræfter i Touget—hun blev dragen op, men med knust Hoved. De fölgende Bölger omstyrtede ogsaa den anden Mast; Skroget krængede sig om paa Siden. Den sidste Bölge steg som et Fjeld op af Afgrunden. Den Gamle, som stod hos mig, raabte, "Taaler han den, taaler han mere." Neppe vare disse Ord udtalte, för Bölgen sköd sin brede Ryg end höiere op, krummede den og styrtede som en Lavine ned paa Vraget og med en Bragen, som overdövede Storm og Brænding—det var knust! dets söndersplittede Stumper dandsede og dreiede sig i det kogende Skum.

Captainens Lig fandtes aldrig. Ligesaa lidet stod det siden til at udfinde enten hans eller Skibets Navn og Hjemstavn.

Some of the longer selections in the Reader I have contracted, in order to diminish the size of the book.

VOCABULARY.

The words, which are alike in both languages and of the same meaning, are not inserted here.

To the Infinitive of the irregular verbs or verbs of the strong conjugation is added in parentheses the past tense and sometimes also the past participle, whenever the vowel is changed in either one or both of these tenses.

EXPLANATION OF THE ABBREVIATIONS USED IN THE VOCABULARY.

adj. adjective.
adv. adverb.
comp. comparative.
conj. conjunction.
N. T. nautical term.
pl. plural.
prep. preposition.
pron. pronoun.
rel. relative.
superl. superlative.
vulg. vulgarism.

A

Aabne, to open.
Aand, spirit, ghost; *aande,* to breathe; *aandelig,* spiritual, intellectual; *Aandslivlighed,* vivacity of spirit.
Aar, year; *Aarhundrede,* century; *Aaring = Aar.*
Aas, ridge.
Aasyn, countenance.
Abild-træ, apple-tree.
Adel, nobility: *Adel-stand,* rank of nobility.
Adgang, admission.
adlyde, (adlöd), to obey.
adskille, to separate.
adskillige, divers.
adsprede, to disperse.
af, of.
Afbildning, picture.
afbryde, (afbröd, afbrudt), to break off, interrupt.
afgjörende, decisive.
Afgrund, abyss.
afhente, to fetch, send for.
afholdt = elsket, beloved.
Aflöb, outlet.
aflöse = fölge efter, to succeed.
Afmagt, debility.

Afreise, departure.
Afsats, terrace.
Afsked, dismission, resignation, leave; *tage Afsked med,* to part with.
afskjære, (afskar, afskaaren), to cut off.
afsondre, to separate.
afstaa, (afstod), to cede;
Afstaaelse, cession.
Afstand, distance.
afsted, away, off, on.
aftage, (aftog), to decline, decrease.
Aften, evening.
afvige, (afveg), to diverge.
Agt, attention, heed; 2, intention; *agte,* to attend, regard; 2, to intend; 3, to respect, esteem.
ak, alas, alack.
al, all.
aldeles, totally, utterly.
Alder, age; *Alderdom,* old age; *aldrende,* elderly.
aldrig, never.
allerede, already.
allerstörst, the very greatest.
alligevel, for all that, notwithstanding, however.

almindelig, general, common, universal.
Almues-mand, common people, plebeian.
alskens, all kinds.
Alter, altar; *A-bord*, a-table; *A-tavle*, a-piece.
altidens=altid, at all times, always.
altfor, too.
altsaa, consequently.
alvorlig, grave, earnest, demure.
anbetro, to trust.
anden, *andre*, other; *andet*, something else.
anderledes, otherwise.
anelsesfuld, full of forebodings.
anerkjende, to recognize.
Anförsel, command.
angaaende, with reference to.
Angers-taare, tear of repentance.
angribe, (*angreb*), to attack.
Anker, anchor.
ankomme, to arrive; *Ankomst*, arrival.
Anledning, chance, occasion.

Anliggende, affair.
Anlæg, disposition.
anlægge, (*anlagde*), lay out, to found.
anmode, to request.
anrette, to arrange; *anrette Nederlag*, to make slaughter.
anse, (*ansaa*), to look upon; 2, to esteem, regard; *Anseelse*, distinction; *anselig*, distinguished
Ansigt, face.
anskuelig, intuitive.
Anstrengelse, exertion.
anstödelig, offensive.
Ansættelse, appointment.
antage, (*antog*), to believe, accept, assume.
Antal, number.
antegne, to sign.
anvende, to use.
anvise, to assign, indicate; *Anvisning*, direction.
Arbeide, work, labor, employment; *Arbeider*, laborer; *Arbeidsomhed*, industry.
arm, poor, miserable.
Art, kind.
arte sig, to thrive.
arve, to inherit.

Asa-tro, faith in the 'Aser,' the gods of the ancient Norwegians.
at, that, to.
atter, again.
Attestats=theologisk Embeds-examen, graduation in divinity.
Aukathor, Akathor=Thor, one of the gods of the ancient Norwegians.
ave, to awe, to check.

B

Baad, boat; *Baads-hage*, boat-hook.
baade-og, both-and.
Baal, stake.
Baand, band, bond.
bag=bagefter, behind; *Bag-ben*, hindleg; *baglænds*, backward.
Bamse, bruin.
Bane, career, path; 2,= *Död*, death.
bane, to level; *bane Vei*, to make way.
bare=blot, only.
Barm, breast, bosom.
Barn, (*pl. Börn*), child; *Barns-ben*, childhood.

Bas, bass.
Baun, baun, a heap of wood, raised in the form of a cone on the summits of the mountains, and set on fire to give notice of invasion.
Bauta = Bauta-sten, monumental stone.
Beboelse, habitation, occupation; *Beboer*, inhabitant.
bede, (*bad*,) to pray, ask, beg.
bedre, (*comp. of god*), better; *faae bedre=forbedre*, to improve.
Bedrift, achievement.
bedst, (*superl. of god*,) best.
bedække, to cover.
Befalings-mand, commander.
befatte sig med, be engaged in.
befinde, (*befandt, befunden*,) to find; *befinde sig*, to be.
Befolkning, population.
begave, to endow; *Begavelse*, endowment.
begeistret, enthusiastic.

begge, both.
begive sig, (*begav sig*,) to betake one's self; to proceed.
Begivenhed, occurrence.
begjære, to demand, desire.
begrave, (*begrov*,) to bury.
begribe, (*begreb*,) to comprehend.
begræde, to bewail.
begynde, to begin; *Begyndelse*, commencement, beginning.
behage, to please.
beherske, to rule.
Behold, safety; *i Behold*, safe.
Behov, need.
behændig, adroitly.
behöve, to need.
beint, (*vulg.*) = *bent*, straight.
Beite, (*vulg.*) pasture.
bekjende, to confess.
bekjendt, known; *Bekjendtskab*, acquaintance.
beklippe, to clip; *lade sig beklippe*, allow himself to be clipped.
Bekrandsning, wreathing.
beleire, to besiege; *Beleiring*, siege.

Beliggenhed, situation.
Belte, girdle.
Belysning, light, illumination.
Belæring, instruction.
Belönning, reward.
bemærke, to observe.
Ben, bone, leg.
benytte, to use.
beordre, to order.
berede, to prepare.
Beregning, computation.
Berg, rock; *Berg-værk*, mine.
berige, to enrich.
bero paa, to depend upon.
berömmelig, illustrious; *Berömmelse*, renown; *berömt*, renowned, celebrated.
beröre, to touch.
beröve, to deprive of.
besidde, (*besad*,) to possess.
besjæle, to animate.
Beskaffenhed, quality, condition, nature.
beskeden, modest.
beskjæmme, to disgrace.
beskrive, (*beskrev*,) to describe; *Beskrivelse*, description.

beskytte, to protect; *Beskyttelse*, shelter, protection; *Beskytter*, protector.
beslutte, to resolve.
besprænge, to sprinkle over.
bestaa, (*bestod*,) to stand; 2, endure; 3, continue; *bestaa af*, consist in.
bestandig, constantly.
bestemme, to determine; *Bestemmelses-sted*, destination.
bestige, (*besteg*,) to ascend.
Bestræbelse, effort.
besvare, to answer.
besynderlig, peculiar.
Besætning, crew.
besætte, (*besatte*,) to occupy.
Besög, visit; *besöge*, to visit.
betegnende, striking, significant.
Betingelse, condition.
betjene, to serve.
betragte, to consider, look at; *Betragtning*, contemplation.
betro, to trust with.
betræde, (*betraadte*,) to set foot on, to enter.

betyde, (*betöd* or *betydede*,) to signify; *betydelig*, considerable.
betænke, to consider; *Betænkning*, hesitation.
beundre, to admire; *Beundring*, admiration.
bevare, to preserve.
bevinget, winged.
Bevis, proof; *bevise*, to prove.
Bevidsthed, consciousness.
bevæbne, to arm.
bevæge, to move, agitate, stir; *Bevægelse*, motion.
Beværtning, entertainment.
Bibliothek, library; *Bibliothekar*, librarian.
bibringe, (*bibragte*,) to give, impart.
bide, (*bed*,) to bite.
bidrage, (*bidrog*,) to contribute.
Bifald, approbation.
Biflod, tributary river.
Billede, picture, scenery; *Billed-hugger*, sculptor; *Billed-skjærer*, carver.
Bind, volume.
Birk, birch.

Birkebeins-tog, expedition of the Birkebeins (å political party in the civil wars of Norway in the 12th century).
Bisp = Biskop, bishop.
Bistand, assistance.
bitterlig, bitterly.
Bjerg, mountain; *B-dannelse*, formation of the mountains; *B-flade*, m-plateau; *B-skrænt*, brow of a m.
bjerge, to save, help; *bjerge sig*, to be helped.
Bjælke, beam.
blaa, blue; *blaa-öiet*, blue-eyed.
Blad, leaf.
blande, to mix, blend.
blandt, among.
blank, stately.
bleg, pale.
bleset, blazed, having a white spot on the forehead.
Blik, glance, *klart Blik*, clear insight.
Blikstille, dead calm.
Blindhed, blindness.
blinke, to twinkle.

blive, (*blev*,) to become, be; *blivende*, permanent.
blodig, bloody; *Blod-mand*, bloody man.
Blomst, flower; *blomstre*, to flourish.
blot, only.
blusse, to blush.
blænde, to dazzle.
Blæst, blast, wind.
bo, to live, reside, dwell; *Bolig*, abode, dwelling; *Bosted*, home.
Bod, (*pl. Böder*,) penalty.
Bog, book, *boglig*, literary; *B-handler*, bookseller; *B-trykkeri*, printing office.
Bonde, peasant, countryman.
Bord, table.
Borg, castle.
Borger, citizen; *Borgerkrig*, civil war; *borgerlig*, civic, civil; *de Borgerlige*, the burghers.
bort = borte, away.
bosætte sig, (*bosatte sig*,) to settle.
Brag, din, roar, crash; *brage*, to boom, crackle.
brat, (*adv.*) immediately; 2, (*adj.*) steep.

Bred, shore; *B. af en Flod*, bank.
bred, broad; *Bredde*, breadth.
Brev, letter.
bringe, (*bragte*,) to bring; *bringe det vidt*, to be proficient.
Bringe = *Bryst*, chest.
briste, (*brast, brusten*,) to burst.
Broder, brother; *B-sön*, nephew.
Brud, bride.
Brug, use; *bruge*, to use.
brumme, to growl.
Brus, roaring; *bruse*, to rush.
bryde, (*bröd, brudt*,) to break, rend; *bryde ud* = *udbryde*, to exclaim.
Bryggekar, brewing vat.
bryne, to sharpen.
Brynje, coat of mail, cuirass; *brynjeklædt*, clothed in a coat of mail.
Bryst, breast, chest.
Bræ = *Snefond*, snow drift.
brænde, to burn; *brænde En inde*, to destroy one by fire.

Brænding, breakers.
Brat, board.
Bröd, bread,
Bröde, guilt.
bröle, to bellow, groan.
Bud, message; 2, order, command; *Bud-stikke*, bod-stick, message-stick, a hollow piece of wood, in which written messages are conveyed from one locality to another in the most sparsely settled portions of the country.
Bue, arch, bow; *Bue-skytte*, bow man.
bugtet, tortuous.
Bul, log.
Bund, ground, bottom.
By, city, town.
byde, (*böd, buden*,) to offer, bid; 2, to order, to command; 3, to invite.
bygge. to build; *bygge paa*, to base upon; *Bygmester*, architect.
Bytte, booty, spoil, prey.
Bæger, cup.
Bælte = *Belte*.
Bænk, bench.
bære, (*bar, baaren*,) to bear, carry.
Böge-blad, beach-leaf.

böie, to bend; *b. sig bagover*, to swing backwards.
Bölge, billow; *B-gang*, swell; *B-slag*, lashing of the waves.
Bön, prayer.
bör, (*burde*,) ought.
Börne-kopper, small pox.
Bösse, gun; *Bösse-skud*, gunshot.

C.

carmoisinröd, crimson.
Chef, chief.
Christendom, Christianity.
Collega, colleague.
conditionere hos, to serve.

D.

da, then, when.
Daab, baptism.
daarlig, foolish; *daarligt*, poorly, badly, ill.
Dag, day; *daglig*, daily; *Dags-lys*, daylight; *Dagværk*, daily occupation.
Dal = *Dalföre*, valley.
dale, to sink, go down.
Damp, mist, vapor, steam; *Damp-skib*, steamer.
Dannebrog = *Danebrog*, the

Danish flag; *D-fane*, the D. standard.
danne, to shape, form; 2, to educate; *danne sig*, (*om Stedforhold*,) be shaped by; *Dannelse*, education, culture.
Dands, dance; *dandse*, to dance.
Datiden, that age.
dedicere, to dedicate.
deilig, beautiful, charming.
Del, part; *dele*, to divide; *dels*, partly; *deltage* (*deltog*), partake.
den, det, it.
dengang, at that time.
denne, dette, disse, this, this one, these.
der, (*pron.rel.*) who, which, that, those.
der, (*adv.*) there; *derfor*, therefore; *derhen*, thither; *derhos*, besides; *derimod*, on the contrary; *dernede*, down there; *deroppe*, up there; *derpaa*, thereon, then; *derud*, out there; *derudefra*, thence; *derved*, thereby; *derværende*, there being.

7

Dere (*vulg.*) = *Eder*, (*Objective of I*,) you.
desuden, besides that, moreover.
desværre, alas.
did, thither.
Dige-hus, house on the dike.
Digt, poem; *digte*, to compose; *Digte-kunst*, art of poetry; *Digter*, poet; *Digterinde*, poetess; *Digtning*, poetical composition, poetry.
djærv, bold; *Djærvhed*, boldness.
dobbelt, double.
dog, though, however.
Domkirke, cathedral.
drabelig, bold.
Drage, dragon, a kind of war ship.
drage, (*drog*,) to draw; 2, travel; *drage til*, emigrate to, go to; *drage ud*, go abroad; *drage frem*, draw forth, proceed; *drage tilbage*, retract; *drage ind i*, march into.
dreie, to turn.
Dreng, boy.

drikke, (*drak, drukken*,) to drink.
Dristighed, boldness.
drive, (*drev*,) to drive; 1, *drive Handel*, to trade; 2, *drive iland*, to drift ashore.
Dronning, queen.
drukne, to drown.
dryppe, to drop, drip.
dræbe, to kill, slay.
dröi, considerable.
Dröm, dream.
due, be fit for.
Duft, fragrance; *duftende*, fragrant.
Dug, dew.
dumdristig, fool-hardy.
dumpe, to dump.
dundre, to thunder.
dunkel, dim, dark.
Dunst, vapor; *D-krands*, wreath of vapor.
Dværg, dwarf; *D-birk*, d-birch; *D-hal*, hall of dwarfs; *D-slægt*, race of dwarfs.
dyb, deep; *Dyb*, abyss.
Dyd, virtue; *dydig*, virtuous.
dygtig, able; *Dygtighed*, ability.

Dynge, drift, heap.
Dyr, animal.
dyrke, to cultivate.
Dyst, combat.
Dæk, deck.
dække, to cover.
dæmpe, to subdue.
dæmrende, dawning.
dö, to die; död, dead; Död, death; Döds-kamp, agony.
döie, to endure.
dölge, (dulgte,) to conceal.
Dön, rumbling, booming.
Dör, door.
döve, to deafen.

E.

Eder, (Objective of I,) you.
een, eet, one; med eet, all at once.
efter, after, according to;
efterat, after.
Efterfölger, successor.
efterhaanden, gradually, by and by.
Efterklang, resonance, resemblance.
Efterkommer, descendant, pl. posterity.
Efterretning, news.
eftersom, as.
Eftertid, posterity.

Eg, edge.
egen, own, peculiar.
Egenskab, quality; i hvilken E., as such.
Egn, region.
ei = ikke, not.
eiendommelig, characteristic; Eiendommelighed, characteristic.
Eier, owner.
Elendighed, misery.
eller, or.
ellers, else.
elske, to love.
Elv, river; Elvefar, course of the river.
Embede, office.
Emne, theme, substance.
end, than, 2, even, 3, still;
endnu, yet; endog, even;
endskjöndt, although; endda, even then.
endeel, some.
endelig, at last, at length.
ene, alone; eneste, only one, only, single.
Enekonge, sole king.
eneraadende, uncontrolled.
Enerbusk, juniper.
Enevolds-magt = Enevoldsvælde, absolute power.

enfoldig, simple.
engang, once; *ikke engang*, not even.
Engel, angel.
Enhed, unity.
Enhver, every one.
Enke, widow.
enkelt, individual, single; *pl. enkelte*, a few; *Enkeltmand*, individual.
ensformig, uniform.
enstemmig, unanimous.
enten — eller, either — or.
entre sig op, to climb up.
erfare, to learn, experience.
erholde = erhverve, to obtain, acquire.
Erindring, memory, reminiscence.
erkjende, to admit, acknowledge.
erklære, to declare.
ernære, to support.
erobre, to conquer; *Erobrer*, conqueror.
etslags, kind of.
Eventyr, tale.
evig, eternal.
Evne, faculty, ability.

F.

faa, few.

faae, (fik,) to get, receive, obtain.
Fad, cask, barrel.
Fader, father.
fage = feig.
fager, fair.
Fakkel-bærer, torchlight-bearer.
Fald, fall; *falde*, to fall, drop, tumble; *det falder ham ind*, he calls to mind.
Fane, standard.
fange, to capture; *Fange*, prisoner.
Fantasi, fantasy, fancy, imagination.
fare, (foer,) to travel, go; *f-afsted=fare hen*, to rush away; *f-omkring*, to travel around; *f-op*, to start up; *fare til Jorden*, be carried to the grave.
Fare, danger; *farlig*, dangerous, perilous.
Fart, journey, 2, hurry, speed.
Farvand, navigable water.
farve, to color; *Farve*, tint, color.
Farvel, farewell.
fast, firm; *Fastland*, continent.

Fattelse, comprehension.
fattig, poor, deficient; *Fattigdom*, poverty.
favne, to embrace.
feide = kjæmpe, to fight.
feie, to sweep.
feig, cowardly; 2, fated soon to die.
Feil, fault; *tage F.*, to mistake.
Feldt-herre, general.
Ferksvand, lake.
Fiende, enemy; *fiendtlig*, hostile; *Fiendtlighed*, hostility.
fin, fine, delicate.
finde, (*fandt, funden,*) to find; *f. sig i*, to submit to; *f. Sted*, take place.
fire ned, to lower.
Fisker, fisherman.
Fjed, step.
Fjeld, mountain; *F-afhæng*, m-projection; *F-afstyrtning*, m-precipice; *f-bygt*, rocky; *F-dal*, m-valley; *F-kløft*, m-crevice, ravine; *F-knat*, rock; *F-mark*, m-plateau; *F-pynt*, m-point; *F-sprække*, m-fissure; *F-top*, m-peak; *F-vidde*, m-plateau.

Fjerding, quarter of a mile.
fjern, far, distant; *Fjernsyn*, distant view.
Fjord, fiord, bay.
flaa, to skin.
Flaade, fleet.
Flade, area, plain.
flagre, to flutter.
Flamme, flame.
flersidig, varied.
fleste, the most.
Flid, diligence; *flittig*, diligent.
Flod = Elv.
Flok, flock.
Flor, gauze.
Flugt, flight.
fly, to fly, flee.
flyde, (*flöd,*) to flow; *flyde over i*, to melt into.
flygte = fly.
flyve, (*flöi,*) to fly.
Flöi, wing.
Flöiten, whistling.
Fod, foot.
Folgefond, a glacier near the western coast of Norway.
Folk, folk, people; *Folkedigtning*, popular poetry; *F-fantasi*, popular imagination; *F-ret*, international law.

Foraar, spring.
Foragt, disdain, contempt, despite.
foran, in front of.
forandre, to change.
for at, to; *for sent=for silde*, too late; *for-Skyld*, for-sake.
forbande, to curse.
forbause, to astonish; *Forbauselse*, astonishment.
forbedre, to amend, improve.
Forben, fore-leg.
forbi, by, past; 2, at an end.
forbinde, (*forbandt, forbunden,*) to connect, ally with; *Forbindelse*, communication, connection.
forbittret, enraged.
Forbjerg, cape.
forblive, (*forblev,*) to remain.
fordetmeste, mostly.
fordi, because.
fordoble, to double.
fordre, to demand; *Fordring*, demand.
fordrive, (*fordrev,*) to expel.

fordunkle, to darken, to obscure.
Fordybning, recess.
fordölge, (*fordulgte,*) to conceal.
Foredrag, delivery.
forefalde, to take place.
forekomme, to appear.
forelsket, in love with, enamored of.
Forelœsning, lecture.
forene, to unite, combine; *Forening*, union; *i Forening*, in concert, jointly.
forestille for, to introduce to.
Forestilling, perception, explanation.
foretage, (*foretog,*) to undertake.
forfatte, to compose, write; *Forfatter*, author.
forfriskende, refreshing.
forfœrdelig, terrific.
Forfölgelse, persecution.
forgjeves = forgjœves, in vain.
Forgjœnger, predecessor.
forglemme, to forget,
Forgrund, foreground.
forgœtte = forglemme.

forhindre, to prevent.
Forhold, 1, relation; 2, proportion; 3, conduct; *forholdsvis*, proportionately.
Forhoved, forehead.
forjage, (*forjog*,) to expel.
forklare, to explain.
forklæde, to disguise.
forknyt, cowed.
forkynde, to proclaim, announce; *Forkynder*, professor, proclaimer.
forlade, (*forlod*,) to leave, desert; *forlade sig paa*, to rely upon.
forlange, to demand.
Forlig, agreement, reconciliation; *forlige sig med*, be reconciled to.
forlængst, long ago.
Forlöb, lapse, expiration; *forlöbe*, to elapse, expire.
forlöbe sig, to blunder.
formedelst, on account of.
formere sig, to multiply.
formodentlig, probably.
Fornemmelse, sense, sensation.
fornöiet, happy.
forplante, to propagate;

Forplantning, reproduction, propagation.
Forraad, store.
forrest, foremost.
Forretning, business.
Forræder, traitor.
forsamle, to gather; *forsamles*, convene, meet together.
forsegle, to seal.
forsikkre, to assure.
Forskjel, difference; *forskjellig*, different.
forskrække, to frighten; *Forskrækkelse*, fright.
forstaa, (*forstod*,) to understand.
forstærke, to strengthen, reinforce.
forstöde, to cast off.
forsvare, to defend; *Forsvars-midler*, means of defence.
forsvinde, (*forsvandt*, *forsvunden*,) to disappear.
forsyne, to furnish, supply; *Forsyning*, supply; *forsynlig*, provident.
Forsög, attempt.
fortjene, to merit, deserve; *Fortjeneste*, merit, profit.

fortrolig, familiar.
fortsætte, (*fortsatte*,) to continue; *Fortsættelse*, continuation.
fortælle, (*fortalte*,) to tell; *Fortællemaade*, manner of telling.
forud, before, ahead.
foruden, besides, except.
forundre sig, to wonder; *det forundrer mig*, it appears to me wonderful.
forvandle, to change.
Forveien, *i F.*, previously, in advance.
Forventning, expectation; *forventningsfuld*, full of expectation.
Forvikling, complication.
forvilde, to lead astray.
forvinde, (*forvandt*, *forvunden*,) to recover from.
Forvirring, confusion.
forvisse, to assure.
forvoven, audacious.
forældet, antiquated.
forære, to present with.
Fos, waterfall.
fra, from; 2, forward.
Fraade, froth, *fraade*, to froth.

Frankrig, France.
fraraade, to dissuade.
fratage, (*fratog*,) to take away.
fraværende, absent.
Fred, peace; *frede*, to preserve; *Fredsomhed*, peacefulness.
freidig, undaunted.
frelse, to save; *Frelse*, rescue, salvation.
frem, forward, forth.
fremadskridende, advancing.
Frembringelse, product.
frembrydende, emerging.
frembyde, (*frembød*, *frembuden*,) to present.
fremdeles, furthermore.
fremfor, above, in preference to.
Fremgang, progress.
fremherskende, prevailing.
fremhæve, to set out, show off, present.
Fremme, progress; *fremme*, to further.
fremmed, foreign.
fremragende, prominent.
fremskynde, to accelerate, to further.

fremspringende, projecting.
fremstrakt, stretched forth, projecting.
Fremtid, future.
fremtræde, (*fremtraadte*,) to appear.
fri, (*adj.*) free; *fri*, (*verb*) =*befri*, to deliver; *Frihed*, liberty; *Fristed*, a freeplace; *Fristund*, leisure time.
Friherre-stand, baronetcy.
frisk, fresh; *Friskhed*, freshness.
Frist, respite.
from, pious.
Frugt, fruit; *frugtbar*, fertile, available.
frygte, to fear; *frygtelig*, formidable.
Fugl, bird; *Fugle-sang*, song of birds.
fuld, full; *fuldstændig*, consummate, complete; *fuldtakke*, render due thanks.
funkle, to sparkle.
Fure, furrow; *furet*, furrowed.
fylde, to fill.
Fylking, order of battle.

fædrelandsk, patriotic.
fæl, dreadful.
fælde, to fell, cast down.
fælles, common.
fængsle, to arrest, capture.
Færd, conduct, proceeding.
færdig, finished; 2, ready; 3, dexterous; *Færdighed*, dexterity.
færrest, (*superl.* of *faa*,) fewest.
fæste, to fasten.
Fæstning, fortress.
Fætter, cousin.
Föde, food.
föde, to feed; 2, to bear; *Föde-by*, native town; *Födsel*, nativity, birth; *ved Födsel*, by succession.
Föie, cause, reason.
föie til, to add to; *föie sig efter*, to conform to.
föle, to feel; *Fölelse*, feeling.
Följe, retinue, company; 2, consequence.
följe, (*fulgte*,) =*efterfölge*, succeed, follow; =*ledsage*, accompany.
för, (*adj.*) stout.

för, (*prep. conj.*) before.
före, to carry; *före ind*, to introduce; *före Krig*, to wage war; *före et Liv*, lead a life; *före Ordet for*, to speak for; *före et Skib*, command a ship.
Förings-skude, transport-vessel.
först, first; *Förstningen, i F.*, at first; *förstnævnte*, first mentioned.

G

gaa, (*gik*,) to go; *det gaar ham bedst*, he has the best luck; *gaa ind paa*, to agree to; *det gaar ham slet*, he has bad luck; *gaa tilhaande*, to assist.
Gaard, farm; *Gaards-hund*, watch dog.
Gaarsdagen, yesterday.
gabe, to yawn.
Gage, salary.
gammel, old.
Gammen, joy.
Gang, walk; 2, time; 3, course.
Gange-Rolf, the walking Rollo.

ganske, quite.
Geheimeraud, privy-counsellor.
geistlig, ecclesiastical, clerical.
Geni, genius.
Gevær-fabrik, gun factory.
gifte sig med, to marry.
giftig, venomous.
Gisp, gasp.
give, (*gav*,) to give; *give op sin Aande*, give up the the ghost; *give Slip paa*, let go.
Gjenföder, restorer.
gjenlyde, (*gjenlöd*,) to resound.
gjennem, through.
gjennemblade, run through.
gjennemföre, carry through
gjennemspeide, to reconnoitre.
gjennemströmme, to traverse.
gjennemtrænge, to permeate; *gjennemtrængende*, piercing,
Gjenstand, object, matter.
gjerne, willingly, readily; 2, commonly.
Gjerning, work, act, action.

gjev, gallant.
gjalde, (*gjaldt*) to be worth; *det gjælder ham*, it is aimed at him, hits him; *g. for*, to pass for, *det g. Livet*, the life is at stake; *naar det gjælder*, when wanted.
gjö, to bark; *Gjöen*, barking.
gjöre, (*gjorde*,) to make, do.
Glands, glory, lustre, splendor.
Glar = Glas, glass.
Glavind, glaive, sword.
glimre, to glitter; *glimrende*, splendid.
Glimt, glimpse, flash; *glimte*, to gleam.
glup, (*vulg.*) excellent.
Glæde, joy, glee.
glöde, to glow.
Gnist, spark.
god, good.
Gods, goods, estate.
gold, barren.
graa, gray; *graa-gul*, golden-gray; *graa-grön*, gray-green; *graahærdet*, gray-headed.
Graad, tears.

Grad, degree.
gram, wroth.
Grande, neighbor.
grassere, to prevail.
Grav, grave; *grave*, (*grov*,) to dig; *Grav-houg*, mound.
Gren, branch.
gribe, (*greb*,) to grasp; *gribe fat i*, take hold of.
Gru, horror; *gruopvækkende*, shocking.
Grube, mine.
grum, cruel, ferocious; *Grumhed*, cruelty.
Grund, ground, foundation; 2, reason; *paa Grund af*, on account of; *grunde = grundlægge*, to make, found; *Grund-ide*, fundamental idea; *Grund-lov*, fundamental law, constitution.
Grus, gravel.
grusom = grum; Grusomhed = Grumhed.
græde, to weep.
Grændse, border.
Græs, grass.
græsk, Greek.
Gröde, growth.
grön, green, verdant.

Gubbe, old man, veteran.
Gud, God; Gude-Billede, image of a god; gudfryg-tig, pious.
Guld, gold; Guld-horn, drinking horn of gold.
gunstig, favorable.
gul, yellow.
gylden, golden; Gyldenbud, golden messenger, (i. e. the sun); Gyldenstykke, gold brocade.
Gysen, shudder.

H.

Haab, hope; haabe, to hope.
Haand, hand.
Haar, hair; Haarfager, the fair-haired.
haard, hard, harsh.
Hale, tail.
hale, to haul, pull, draw.
halv, half; Halvkugle, hemisphere.
hamre, to hammer.
han, he.
Handel, commerce; H-contor, mercantile office; H-forsög, commercial venture.
handle, to act.

Harme, wrath.
harmonere, to harmonize.
hastig, hasty.
Haug, mound.
Hav, sea, ocean; Hav-boer, dweller on the shore; H-frue, mermaid; h-omkrandset, encircled by sea; H-skodde, fog from the sea; H-speil, level of the ocean.
Have, garden.
Havn, haven, harbor, port.
hed, hot; blive hed, to flush, to feel his spirit burning;
Hede, heat.
hedde, (hed.) be called, be said.
hedensk, heathenish; Hedenskab, heathenism; Hedning, heathen.
heftig, violent, vehement.
Hegn, fence, enclosure; 2, protection.
Hei=Höide, height.
Heilo, plover.
heise, to hoist.
hel, whole; helt, wholly, quite.
Helbred, health.
heldig, successful.

Helding, slope.
heller ikke, nor; *heller ingen* = *heller ikke nogen*, nor any; *hellere*, rather.
hellig, holy; *Helligdom*, sacred thing; *hellige*, to consecrate.
Helt, hero; *Heltinde*, heroine; *H-mod*, heroism; *H-old*, age of heroism.
hemmelighedsfuld, mysterious.
hen, away, off, on.
hengaa, (*hengik*,) to elapse.
hengiven til, addicted to.
henimod, towards.
henrykke, to enrapture.
Henseende, regard, respect.
Hensigt, intention.
hente, to fetch.
her, here; *herover*, hereby.
herlig, glorious, excellent; *Herlighed*, glory, excellence.
Hr., Mr.; *Herre*, lord; *Herre-færd* = *Hær-færd*, warfare; *Herre-gaard*, manor-house.
herske, to rule, reign.
Hertug, duke.
Hest, horse; *Heste-ryg*, horseback.

Hevn, vengeance.
hidindtil = *hidtil*, hitherto.
hidsig, hot-headed.
hilse, to hail, greet.
Himmel, sky, heaven; *Himmerige*, heaven, kingdom of heaven.
hin, (*hint, hine*,) that, those.
hinanden, each other.
hindre, to hinder.
hinsides, beyond.
Hird-mand, attendant.
hist, yonder.
Hjalte, hilt.
Hjelm, helmet.
hjelpe, (*hjalp, hjulpen*,) to help, assist; *Hjelp*, help, assistance.
hjem, home; *hjemme*, at home; *Hjem-komst*, arrival at home; *Hjem-land*, native land; *Hjem-stavn* = *Hjem-sted*, homestead; *hjemsögt*, visited.
Hjerne, brain.
Hjerte, heart; *Hjerte-blad*, shoot; *hjerte-röd*, heart-red, blood-red.
Hob, crowd, heap.
Hof, court; *Hof-mand*, courtier.

Hold, distance.
holde, to hold; *holde sig=holde ud*, hold out.
Houg=Haug.
Hoved, head; *Hoved-colonne*, main column; *Hovedfeil*, principal fault; *hovedsagelig*, principally; *Hoved-stad*, capital.
Hud, skin.
Hue, cap.
hue, to please.
hugge, to hew; *Huggen*, hewing.
huld, faithful, loyal, lovely.
humoristisk, humorous.
hun, she.
Hund, dog.
Hungersnöd, famine.
hurtig, rapid; *Hurtighed*, rapidity.
Hus, house; *H-andagt*, domestic worship; *H-ly*, shelter, *H-lærer*, private teacher.
Hustru, wife.
hvad, what.
hvem, who, whom.
hver, each, every.
hverandre, one another.
Hvermand=Enhver, every one.

hverken—eller, neither—nor.
Hverv, task.
hvid, white.
hvile, to rest; *Hvile*, rest; *H-sted*, resting place.
hvilken, who, which; *hvilkensomhelst*, whichsoever.
Hvinen, whistling.
hvirvle sig, to whirl.
hvis, (*Possessive* of *hvo*,) whose.
hvis, (*conj.*) if.
hviske, to whisper.
hvo, who.
hvor, where, how; *hvordan*, how; *hvorefter*, whereupon; *hvorhos*, besides which; *hvorimod*, while on the contrary; *hvorved*, whereby.
hylde, pay homage to; *Hyldest*, homage.
Hymne, hymn.
Hyrde, herdsman.
hyre, to hire.
Hytte, hut.
Hæder, glory; *hædre*, to honor.
Hæl, heel.
hænde, to happen.

hænge, (*hang,*) to hang;
hænge udover, to project.
Hær, army; *H-förer,* general.
Hærde=Skuldre, shoulders.
hærje, to harry, ravage.
hævde, to maintain, vindicate.
hæve, to raise; *hæve sig,* to rise.
höi, high, lofty; 2, loud; *höit,* highly; 2, loudly; 3, dearly; *Höi,* hill; *Höide,* height; *Höide-ryg,* ridge; *Höide langs en Flod,* bluff; *Höifjeld,* high mountain; *Höislette,* plateau; *Höistbefalende,* general-in-chief; *Höi-sæde,* elevated seat; *höitstaaende,* of high standing.
höire, right.
höitidelig, solemn.
hörbar, audible; *höre,* to hear.
Höst, crop, harvest.
Hövding, chief.

I.

I, you.

i, in,
idet, as, at the same time.
Idræt, deed, action.
ifjor, last year.
ifærd med, going to.
ifölge, according to.
iföre, to draw on.
igjen, again.
ihænde, in hand.
ikke, not; *ikkedestomindre,* nevertheless; *ikke engang,* not even.
iland, on shore.
Ild, fire; *ildagtig,* fiery; *Ildebrand,* fire; *Ildlandet,* Terra del Fuego.
ilde, ill, badly.
ile, to speed, hasten.
imellem, between.
imidlertid, meanwhile.
imod, against.
imponerende, imposing.
imöde, (*adv.*) to meet; *imödegaa,* go to meet.
ind, in; *indi,* into; *indtil,* until, unto.
Indbildnings-kraft, imagination.
indbyde, (*indböd, indbuden,*) to invite.
indbyrdes, mutual.

inde, in, within; *inde i*, inside; *inden*, within, before; *indenfor*, inside, within.
indeholde, to contain; *Indhold*, contents.
Indflydelse, influence.
Indfödt, native.
indgaa paa, (*indgik paa*,) to agree to; *Indgang*, ingress.
indhylle, to wrap.
indlade sig med, (*indlod sig med*,) to join with; *indlade sig paa*, enter into.
indlede, to introduce.
indre, inner, interior.
indrömme, to cede to.
indse, (*indsaa*.) to see, comprehend; *Indsigt*, insight.
indskaaren, indented.
Indskrift, inscription.
Indsö, lake.
indtage, (*indtog*,) to carry.
Indtryk, impression.
indtræde, (*indtraadte*,) to enter into.
indtræffe, (*indtraf*, *indtruffen*,) to occur.
Indtægt, income.

Indvaaner, inhabitant.
indvikle, to entangle.
indvirke paa, to influence.
indvælte, to roll in.
ingen, intet, no, none, nobody, nothing; *ingenlunde*, not at all; *ingensinde*, never.
Ingeniör, engineer.
interessant, interesting; *interessere sig for*, to have interest in.
intet, see *ingen*.
Is, ice; *Is-bræ*, glacier; *Island*, Iceland.
isandhed, indeed, verily.
isprængt med, shot through and through with.
Isse, crown (of the head).
istand, able; *istandbringe* (*istandbragte*,) to establish; *komme istand*, be established.
istedetfor, instead of.
istykker, asunder.
især, especially, in particular.
itræk, in succession.
itu=istykker.
Iver, zeal; *ivrig*, eager, zealous.

iövrigt, besides.

J

ja, yes.
jage, (*jog*,) to chase, drive, hunt; *j. i Landflygtighed*, force to excile; *Jagt*, hunting; *Jagt-flaske*, hunter's flask.
Jammer, wretchedness.
Jarl, earl; *Jarle-stol*, earl-stool; *Jarledömme*, earldom.
jeg, I.
Jernbyrd, ordeal of hot iron.
jevn, plain.
jevnlig, frequently.
jevnsides, parallel, side by side.
jo, indeed.
Jord, earth; *J-art*, species of earth; *J-bund*, soil; *J-brug*, farming; *J-magnetisme*, terrestrial magnetism.
jubilere = *juble*, to shout with joy.
Jul, yule, christmas; *Jule-gilde*, christmas feast.
juridisk, juridical.
jydsk, Jutlandish.

Jödeland, Palestine; *jödisk*, jewish.
Jökul, glacier.

K.

Kaar, circumstances, condition.
Kaarde, sword.
Kaart = *Kart*, map.
Kald, call, calling; *kalde*, to call.
Kamp, war, combat.
Kampe-sten, rock.
kan, can.
Kanon, cannon; *K-skud*, cannon-shot.
Kant, edge, brink, side.
Kappe, mantle.
Karl, fellow, swain, boy.
Karren (*af en Rype*), the carring or cawing of a ptarmigan.
kaste, to cast, throw.
katholsk, catholic.
Keiserdömme, empire.
Kikkert, spy-glass.
Kilde, spring, fountain, source; *Kilde-væld*, fountain-head.
Kind, cheek.
Kirke, church.

kjende, to know; *kjende-ligt,* perceptibly; *Kjende-mærke,* sign, *Kjendsgjerning,* fact.
Kjerne, centre, kernel.
Kjortel, coat.
kjæk, brave; *Kjækhed,* bravery.
kjæmpe, to fight; *Kjæmpe,* champion; *Kjæmpe-rad,* row of champions.
kjær, dear; *kjærkommen,* acceptable.
kjöle, to cool.
kjöre, to drive, ride.
klage over, to complain of.
Klang, sound.
klappe, to pat.
klar, clear, bright; *klare sig,* to go clear.
klattre op i, to climb.
klinge, (*klang,*) to sound.
Klinge, sword.
Klint, cliff.
klippe, to clip, cut.
Klippe, rock; *K-blok,* block of stone, *K-borg,* mountain-castle; *K-rand,* mountain-edge.
Klit, down.
Klode, globe.

klog, prudent.
Klokke, clock.
Kloster, cloister.
Klov, (*pl. Klöver,*) cloven foot.
Klubbe, club.
kluntet, clumsy.
klæde, to dress.
Klöft, chasm, fissure, cleft.
kneise, to tower.
Kniv, knife; *Kniv-stik,* stab with a knife.
Knop, knob, bud; *Knop-Dannelse,* formation of buds, budding.
knuse, to crush.
knytte, to knit, unite, tie; *k. til,* attach to.
Knæ, knee.
knække, to crack, crush.
knæle, to kneel.
Kobbel, collar.
kobber-skoet, copper-shod.
koge, to boil.
koldblodig, cold.
Kolos, colossus, colossal object.
komisk, comic.
komme, to come; *komme an paa,,* to depend on.
Kone, wife.

Konge, king, *K-dom*=*K-rige*, kingdom; *K-stol*, throne, *kongelig*, royal.
Kor, choir, chancel.
Kors, cross, *korse*, to cross; *korsfæstet*, crucified.
kort, short; *korte*, to shorten.
koste, to cost.
Kraft, power; *kraftig*, powerful, energetic.
Krat, copse, shrub.
kravle, to crawl.
Krig, war: *K-list*, stratagem; *K-kunst*, tactics.
Krone, crown; *Kron-prinds*, crown-prince; *krone*, to crown.
Krop, body.
krumme, to bend.
krybe, (*kröb*,) to creep; *k. i Skjul*, to hide one's self.
kryddret, seasoned.
krænge, to lurch.
krænke, to violate, grieve.
kræve; to crave, demand, claim.
Kudsk, coachman.
Kuffert, trunk.
Kugle, ball.
Kulde, cold.

kun=*kuns*, only.
Kundskab, knowledge.
kunne, 1, *infinitive* of *kan*; 2,=*kjende*, to know.
Kunst, art; *kunstig*, artificial, ingenious; *K-forstandig*=*K-kjender*, connoisseur; *K-skole*, school of arts; *K-værk*=*K-gjenstand*, work of art.
Kurs, course.
Kurv, basket,
Kviddren, chirping.
Kvinde, woman.
kvit, quit, rid; *blive kvit*, to get rid of.
kvæde=*synge*, to sing.
kyndig, skilled.
kysse, to kiss.
Kyst, coast; *K-boer*, inhabitant of the coast; *K-maaler*, coast surveyor.

L.

laane, to lend, borrow.
Laar, thigh.
lade, (*lod*,) to let, cause; *lade* (*ladede*,) *et Skib*, to load.
Lag, layer.

Land, country; *lande*, to land; *Landflygtighed*, exile; *Land-gang* = *Landstigning*, landing; *Land-Kaart* = *Kaart*; *Landsmand*, countryman; *Landskab*, landscape.
lang, long; *langagtig*, longish, lengthy; *langs*, along.
lange efter, to reach after.
langsom, slow.
langtfra, far from.
Larm, alarm.
laset, tattered.
laste, to blame.
Latter, laughter.
Laurbær - krands, laurel wreath.
lav, low.
Lav-art, lichen.
Lavine, avalanche.
le, (*lo*,) to laugh.
led, loathsome.
lede efter, to seek.
Ledelse, direction.
ledsage, to accompany; *Ledsager*, companion.
legere, to donate.
Leie, bed; *Leie-sted*, resting place.
Leir, camp; *leire sig*, to encamp.

Lem, limb.
lempe, to accommodate.
let, easy, light; *lettelig*, easily.
leve, to live; *levende*, lively; *Levetid*, life.
levne, leave to.
Li=*Lide*, slope.
liden, (*lidet, lidt*,) little.
liflig, pleasant.
Lig, corpse.
lige, straight; 2, alike; *lige mod Nord*, due north; *l. i Kanten*, just at the border; *Ligeberettigelse*, equal rights; *ligeledes*, likewise; *ligeoverfor*, right opposite; *ligesaa*, as, likewise; *ligesom*, as.
ligge, (*laa*,) to lie, make a stay.
Lighed, similarity; *ligne*, to resemble; *lignende*, similar.
lille=*liden*.
Linie, line.
Linned-væver, linenweaver.
List, fraud.
Liv, life; *Livs-bane*, career; *livlig*, lively.

lodret, perpendicular, vertical.
Lov, law; *Lov-bog*, code.
Lov, leave; *faae Lov*, to be allowed.
love, to promise.
love=lovprise, to praise, to laud.
lude, to stoop; *lude ud over*, to lean forward.
Lue, flame, blaze; *lueröd*, flame-colored.
Luft, air, sky; *luftig*, airy; *Luft-spring*, gambol.
lukke op, to unlock, open.
Lund, grove.
Lur, lure, (a wooden trumpet, 5 feet long).
lure, to lurk, to watch.
Luthersk, Lutheran.
lyde, (*löd*,) to sound; *Svaret löd*, the answer was; *lydelig*, loud.
lyde=adlyde, to obey.
Lykke, luck, fortune.
lykkes, to succeed; *det lykkes ham*, he succeeds.
Lyn, lightning, flash; *lyne*, to lighten.
Lys, candle, light; *lyse*, to shine, to light.

lyseröd, pink.
Lyst, delight, pleasure, desire, inclination; *lystig*, merry; *Lyst-jagt*, yacht.
lytte, to listen.
Læbe, lip.
Læg=Lægmand, layman.
Læge, physician.
lægge, (*lagde*,) to lay; *lægge sig efter*, to apply one's self to, *lægge sig ud med*, to pick a quarrel with.
Længde, length.
længes, to long; *Længsel*, longing, desire.
lærd, learned; *Lærdom*, learning; *lære*, to learn, 2, teach; *Lære*, doctrine; *Lærer*, teacher; *lærerig*, instructive.
læse, to read; *Læser*, reader; *Læsning*, reading.
Löb, course; *löbe*, to run.
löfte, to lift.
Löfte, vow, promise.
löse, to loose, untie; *lösrive*, (*lösrev*,) to pull loose; *lösslippe*, (*-slap*, *-sluppen*,) to let loose; *lössluppet Sværd*, drawn sword.

Löv, leaf, foliage.

M.

maa, must.
Maade, manner, way.
Maal=Tungemaal, tongue, language.
Maal, measure; *Længsels Maal*, object of longing.
Maane, moon.
Maaned, month.
maaske, may be, perhaps.
Mad, meat, victuals.
Mag, comfort, ease, leisure.
Magen, the like.
Magnet-naal, magnetic needle.
Magt, might, force, power; *staa ved Magt*, be in force; *magte*, to have strength to.
male, to paint; *malerisk*, picturesque.
man, they, one.
Mand, man; 2, =*Ægtemand*, husband; *Manddom*, manhood; *mandig*, manful, manly; *Mandskab*, men, troops.
mange, many; *mangfoldig*, manifold; *Mangfoldighed*, multitude.

Mangel, want.
Mark, field.
Marmor, marble.
marschere, to march.
Martyr-kvide, pain of martyrdom.
Marv, pith.
mat, faint.
Matros, sailor.
med, with.
medbringe, (*medbragte*,) to bring along with.
Meddelelse, narrative, communication.
medens, while.
medgive, (*medgav*,) to furnish.
Medhjælper, assistant.
Medlem, member.
Medlidenhed, sympathy.
meget, much; 2, very.
melancholsk,, melancholy.
melde, to report.
mellem, between; *Mellem-Europa*, Central Europe; *mellemst*, in the middle; *Mellemtid*, intervening time.
men,. but.
Menighed, congregation.
Menigmand. common people.

Mening, meaning.
Menneske, man, people; *menneskelig*, human.
mens=medens.
mere, more.
Middag, noon, dinner.
Middel, (*pl. Midler*,) means.
Midnat, midnight.
midt i, amid, amidst; *Midte*, midst.
mild, mild, charitable; *mildelig*, mildly, sweetly.
minde, to remind; *minde om*, to remind of; *Minde*, memory; *minderig*, rich in reminiscences; *Mindesmærke*, monument.
mindre, (*comp.* of *liden*,) less.
misfornöiet, displeased; *Misfornöielse*, discontent, dissatisfaction.
Misgjerning, misdeed, crime.
miste, to lose.
Misvisning, declination.
mod, against; *mod=henimod*, towards.
Mod, courage; *modlös*, fainthearted, discouraged.

moden, mature.
Moders-maal, mother-tongue.
modsat, opposite.
modstande=modstaa, (*modstod*,) to withstand; *Modstand*, opposition; *Modstander*, opponent.
modtage, (*modtog*,) to receive.
modvillig, refractory.
mon=monne, doth; *monne stande*, doth stand.
moralsk, moral.
more sig, amuse one's self; *Morskab*, amusement; *morsom*, amusing.
Morgen, morning; *Morgengry*, dawn; *morgenklar*, clear as morning.
Mos, moss; *Mose-teppe*, cover of moss.
Muld, mould, or mold.
mulig, possible; *Mulighed*, possibility.
Mund, Munding, mouth.
Mur, wall; *mure*, to do mason's work.
Muskel, muscle.
Myndighed, authority.
Mynten, the mint.

Myr, moor, bog.
mægte = *magte*; *mægtig*, mighty, capable of.
Mæle, voice; *male*, to speak.
Mængde, multitude.
mærke, to mark, notice, perceive; *Mærke*, mark, note; *lægge M. til*, to notice; *mærkbar*, perceptible; *mærkelig*, remarkable.
mæt, satisfied.
möde, to meet, convene.
Mönning, ridge of a roof.
Mönster, model.
mörk, dark, murky; *mörkeblaa*, dark-blue.

N.

naa, to reach.
Naade, grace.
Naal, needle.
naar, when.
Nakke, shoulder, neck.
Nat, night.
Natur nature; *N-forsker*, naturalist; *naturlig*, natural; *naturligvis*, naturally, of course.
Navn, name; *navnkundig*, celebrated; *navnlig*, namely.

ned, down; *nedad*, downwards, down; *nedenfor*, below; *nedenfra*, from below; *nedover*, down.
Nederlag, slaughter.
nedkomme, to come down.
nedstamme, to descend.
Nedstigning, descension.
nedsætte, (*nedsatte*,) to set down, settle; *nedsætte en Commission*, to appoint a commission.
nemlig, namely, to wit.
Nemme, apprehension.
neppe, hardly, scarcely.
Nidings-Drog, craven wretch.
Niste, provision; *N-skræppe*, knapsack for provisions.
Nogen, some, any, someone, anyone; *nogle faa*, a few; *nogenlunde*, in some measure.
nok, enough.
none, (*vulg.*) to rest at noon.
Nord, north; *nordenom*, to the north of; *Nord-hav*, Northern sea; *Nord-is-hav*, arctic ocean; *nordisk*, northern; *nordover*,

northward, *nordre*, northern; *nordöstlig*, northeastern.
Nordmand, Norwegian.
nu, now; *nuværende*, present.
ny, new; *Nybygger*, pioneer; *Nyhed*, newness, novelty.
nysgjerrig, prying.
Nytte, use.
nær, near; *Nærhed*, neighborhood; *nærliggende*, adjacent; *nærme sig*, to draw near, approach; *nærmere*, (*comp.* of *nær*,) nearer; *næste*, next.
Næse, nose.
næsten, almost.
navne, to name.
Nöd, distress, need.
node, to constrain, oblige, force; *nödigt*, reluctantly.
nöiagtig=*nöie*, accurate.
nöisöm, contented with little.
Nökken, nixie, the river sprite.

O.

Oberst, colonel.

Od, point.
offentlig, public.
offre sig til, to devote himself to; *Offer*, offering; 2, victim.
ofte, often; *oftest*, most frequently.
og, and; *ogsaa*, also.
Olding, old man.
Old-mythe, ancient myth.
om, (*prep.*) about, in; *om*, (*conj.*) if; *som om*, as if.
ombord, on board.
omdigte, to remodel.
omfavne, to embrace.
Omflagren, fluttering about
Omgang, intercourse.
Omgivelse, surrounding.
omkring, around,=*omtrent*, about.
Omrids, outlines.
omringe, to surround.
omsider, at last.
omskrive, (*omskrev*,) to rewrite.
omskygge=*beskytte*, to protect.
Omstandighed, circumstance.
omstyrte, to overthrow.
omsvæve, to hover round.

omtrent, about.
omvende, to convert.
ond, bad, evil; *onde Tider*, hard times.
op, up; *opad*, upward; *oppe*, up, above.
Opbevarelse, preservation.
opbragt, enraged.
opdage, to discover.
opdrage, (*opdrog*,) to educate; *Opdragelse*, education.
opfange, to catch up.
opfarende, hot tempered.
Opfordring, summons.
opfylde, to fill up.
opföre, to act.
opgive, (*opgav*,) to give up.
Ophold, sojourn; 2, sustenance; 3, delay; *opholde sig*, to stay, reside; *Opholdsted*, place of residence.
ophæve, to raise.
ophöie, to elevate.
Oplag, edition.
opleve det, to live when it takes place, to live to see it.
Oplysning, enlightenment, education, information.

oplære, to train up.
Opmaaling, surveying.
opmuntre, to exhort, encourage.
opmærksom, attentive; *Opmærksomhed*, attention.
opnaa, to attain.
opoffre, to sacrifice, to devote.
opreise, to erect.
oprette, to establish.
oprindelig, original.
opslaa (*opslog*,) *Bolig*, to take up abode.
opsmuldre, to moulder.
opstaa, (*opstod*,) =*opkomme*, to arise.
opstable, to pile.
Opstigning, ascension.
opsætte, (*opsatte*,) to postpone.
opsöge, to seek for.
optage, (*optog*,) to admit, adopt; *optage i Adelstand*, to ennoble.
optrykke, to reprint.
opvakt, quick.
opvoxe, to grow up.
opvække, (*opvakte*,) to rouse.
opæde, (*opaad*,) to devour.

orangegul, orange.
Ord, word; *ordknap,* of few words.
Orden, order; *ordne,* to arrange, to put in order.
orke, (vulg.) be able to.
Orlogs-skib, man-of-war, war-ship; *Orlogs-tjeneste,* navy-service.
Otte, (vulg.) =aarle Morgen, early morning.
ovenfor, ovenover, ovenpaa, above.
overalt, all over.
Overblik, view.
overbord, overboard.
overdrevent, exaggerated.
overdöve, to deafen.
overfalde, to assault; *Uveir overfaldt ham,* hard weather overtook him.
Overfart, passage.
Overflade, surface.
Overgang i Farve, transfusion.
overgive, (overgav,) to surrender; *Overgivelse,* surrender.
overgiven, frolicsome; *Overgivenhed,* frolicsomeness.
overhængende, projecting.

overlade, (overlod,) to leave.
overlegen, superior.
Overleverelse, tradition.
Overmagt, superior force.
Overmod, arrogance.
overmoden, over-ripe.
overnatte, remain through the night.
overnaturlig, supernatural.
overordentlig, exceedingly.
overraske, to surprise.
overrække, (overrakte,) to present to.
overse, (oversaa,) to overlook.
overskjære, (overskar,) to cut across.
overskyet, clouded.
overskygge, to overshadow.
overskylle, to wash over.
overströ, to strew.
oversætte, (oversatte,) to translate.
overtage, (overtog,) to take upon one's self.
overveiende, predominant.
overvindelig, surmountable.

P.

paa, on, upon, in.

paafærde, active, alert.
paafölgende, succeeding.
paalagge, (*paalagde*,) to impose on.
paany, anew.
paastaa, (*paastod*,) assert.
paavise, set forth.
Pakke, parcel, packet.
Palme, palm.
Pande, forehead, brow.
Par, pair.
Pas, passport.
passe, to be fit for; *Pas Jer!* beware.
passere, to pass.
Penge, money.
pensle, to touch.
perleglindsende, pearly.
personlig, personal.
pidske, to lash, beat.
pietistisk, pietistic.
Pige, girl, maiden.
Pil, arrow.
Pintse=*Pintse-fest*, pentecost, Whit-sunday.
Plads, place.
plage, to plague.
Plante, plant; *Plante-vœxt*, vegetation.
pleie, to use, be in the habit of; 2, to nurse.

Plov, plough.
pludselig, suddenly.
plyndre, to plunder, pillage.
plöie, to plough.
Poesi, poetry.
Pol, pole; *Polar - kreds*, polar circle.
Port, gate.
Pose, bag.
Post, position.
Prik, point, dot.
Princip, principle.
Prinds, prince.
prise, to praise; *priselig*, praiseworthy; *Pris-Opgave*, prize question,
Professorat, professorship.
prægtig, splendid.
Præst, priest, minister.
pröve, to try; *Prövelse*, trial.
Pröve, proof; *Pröve-arbeide*, sample of work.
Pukværk, stamping-mill.
Punkt, point.
purpurfarvet, purple; *Purpur-kjol*, purple - cloak; *P-kaabe*, *P-klæde*, p-mantle.
Pust, blast, puff, blow.
pyntelig, fine.

R.

raabe, to shout; *Raaben*, crying, shouting.
Raad, advice; *raade*, to advise; 2, to rule; *raade for*, to rule; *Raad-mand*, magistrate.
Rad, row, rank.
rage op, to protrude.
ramme, to hit.
Rand, verge, rim, border.
rane, to rob.
Rang, rank.
rase, to rage, ravage; *rasende*, crazy; *Raseri*, rage, fury.
rask, quick, brisk.
rave, to totter, reel.
Ravn, raven.
Regel, rule; *i Regelen*, regularly, generally.
regjere, to reign; *Regjering*, government; *Regjeringsmand*, ruler.
regne, 1, to rain; 2, consider; 3, to rank; *Regnkappe*, water-proof.
Regnebræt=Skyld, guilt.
reise, to travel; *Reise*, travel, voyage, journey; *Reisende*, traveler; *Reise-fæl-*

le, traveling companion.
reint, (*vulg.* for *rent*); *reint fæl*, very dreadful.
reise sig, to arise.
Ren, reindeer; *R-blomme*, reindeer-flower; *R-flue*, r-fly; *R-horn*, antlers of a r.; *R-mos*, r-moss.
rende, to run; *Rende*, channel.
rent ud, plainly, bluntly.
ret, (*adv.*) rather, certainly.
ret, (*adj.*) right, rightful; 2, erect.
Ret, justice, right; 2,=*Rettighed*, rights, title; 3, = *Domstol*, court; *Retfærdighed*, *Retvished*, righteousness; *Retterthing* = *Thing*, court.
Retning, direction, tendency; *rette*, to direct, 2, to correct.
Revle, bar, sand-bank.
Revne, crevice.
revse, to chastise.
Rhed, roadstead.
ride, (*red*,) to ride.
Ridder, knight.
Rifle, rifle, gun.

rig, rich; 2, = *rigelig*, abundant; *Rigdomme*, riches, wealth.
Rige, realm, kingdom; *Rigs-admiral*, high-admiral; *Rigs-grændsen*, frontier.
rigtig, right, really.
rigtignok, sure enough.
rimelig, reasonable; 2, likely; *Rimelighed*, probability; *rimeligvis*, probably.
rinde, (*randt, runden*,) to run, flow; 2, to pass, elapse.
Ring, circle.
ringe, (*adj.* and *adv.*) small, inconsiderable, slight.
risle, to purl.
rive, (*rev*,) to rend; *rive med sig*, to carry away; *rive sig lös*; to disengage one's self from.
Rod, root.
rokke, to shake, move.
rolig, quiet; *Rolighed*, rest, repose.
Ros, fame, praise; *rose*, to praise.
rosenfarvet, rosy, rosily.
Ruf, (*N. T.*) round house a-stern.
rulle, to roll.

rund, round; *rundtom* = *rundtomkring*, around.
Ry, fame.
Ryg, back.
Rygte, rumor.
Ryk, pull.
Rype, ptarmigan.
ryste, to shake.
Rytter, horseman, rider, trooper; *Rytter-kappe*, a horseman's cloak.
ræd, timorous, frightened.
Række, rank, series, row.
Rænke, intrigue.
ræsonnere, to reason.
röbe, to evince.
röd, red; *rödme*, to blush.
Rög, smoke.
röre, to touch, move; *Röre*, movement.
röve, to rob.

S.

saa, (*conj.* and *adv.*) so, then; *saadan*, such, so; *saakaldet*, so called; *saaledes*, so, thus; *saaledes som*, so as, in the same way that; *saavelsom*, as well as.
saare, (*adv.*) very.

saare, (verb.) to wound.
Sadel, saddle.
safrangul, saffron.
Saft, juice; 2, (af Træer,) sap.
Sag, case, affair.
Saga, saga, tale; Saga-væsen, saga-matters.
Sagn, legend, tale.
sagtelig, softly, smoothly.
Sal, hall.
salig, blessed, saved.
salve, to anoint.
Samlvem, intercourse.
samle, to gather; Samling, collection; sammen, together.
sammenligne, to compare.
sammensmelte, to combine.
Sammenstöd, collision.
sammensætte, (-satte,) to compose, combine.
Samtale, conversation.
samtidig, (adv.) at the same time; samtidig, (adj.) contemporary; hans Samtid, his contemporaries.
Samvir!.en, coöperation.
sand, true; sande, to verify; Sandhed, truth.
Sands, sense; S. for, taste for.

sandsynlig, probable.
Sang, song; Sang-bund, sound-board.
Satiriker, satyrist.
se, (saa,) to see; s. ilde ud, look badly.
Seier, victory; seierrig, victorious.
seile, to sail; seilbar, navigable; Seiler, sailor.
Sekel, century.
Selskab, company, society;
Selskabelighed, sociability.
Selvfölge, consequence;
selvfölgelig, consequently.
Selvopoffrelse, self-devotion.
selvstændig, independent.
sen, late.
sende, to send; Sendebud, messenger, ambassador.
Seng, bed; Senge-halm, straw.
sidde, (sad,) to sit, sit down; siddende i Berget, embedded in the rock.
Side-mand, neighbor; Sidestykke, parallel.
siden, afterwards, since.
sidst, last.
sige, (sagde,) to say, tell.
Sigte, sight; sigte, to aim.

sikker, secure, certain, sure.
sildig=sen, late; de sildi-gere, the succeeding.
silre=risle, to purl.
sin, his, hers, its, theirs.
Sind, mind; Sindelag, disposition; sindig, temperate.
sittre, to quiver.
Sjel, soul.
Sjeldenhed, rarity.
Sjofna, a goddess of love.
sjunge=synge.
skaansom, lenient.
skabe, to create.
skaffe, to procure.
skal, (skulde,) shall.
Skald, scald; Skalde-kunst, poetry.
Skam, shame.
Skarlagen, scarlet.
skarp, sharp.
skatte, to value.
ske, to happen, occur.
Ski, snow-shoe.
Skib, ship, vessel; Skibsfart, navigation.
Skifer, slate; S-dække, slate-cover; s-farvet, slate-colored.
skifte, to shift, change; 2,

divide; s, Hjemland, to expatriate one's self.
Skik, custom.
skikke, to send.
skille, to separate.
skimte, to see dimly.
skinne, to shine.
Skjebne, fate.
skjelne, to discern.
Skjemtedigt, facetious poem.
Skjold, shield; Skjold-mærke, device on a shield.
Skjul, shelter, hiding place; krybe i Skjul, to hide.
Skjæg, beard.
skjælve, (skjalv,) to tremble.
skjænde og brænde, to scathe and ravage.
skjænke, to bestow upon.
Skjær, gleam.
skjæv, or skjev, wry; 2, oblique; 3, crooked.
Skjöd, lap, bosom; Skjödesynd, besetting sin.
skjön, beautiful; Skjönaand, wit; Skjönhed, beauty.
skjöndt = endskjöndt, although.

skjönne, to perceive.
skjötte, to care for.
Skole, school.
skorte paa, be short of.
skraale, to shout.
skraanende, slanting; Skraaning, slope; Skraaplan, inclined plane.
Skribent, author, writer; Skribent-bane, career as an author.
skride, (skred,) to proceed.
Skridt, step, pace; Skridtsko-Löben, skating.
Skrift, writing.
skrige, (skreg,) to cry, shout; Skrig, shriek.
skrive, (skrev,) to write.
Skrog, (af et Skib,) hull.
Skrædder-lære, tailors' apprenticeship.
Skræk, terror; skrækkelig, horrible.
Skrænt, brow of a mountain, bluff.
Skud, 1, shoot; 2, shot.
skue, to behold, look, see; Skueplads, theatre; Skuespil, play; Skuespiller, actor.
Skum, foam, scum; skumme, to foam.
Sky, sky, cloud; Sky-masse, mass of clouds.
skyde, (skjöd, skudt,) to shoot; 2, to push.
Skygge, shade; skygge, to shade.
Skyld, guilt; for-Skyld, forsake.
skylde, to owe; skyldes, is due to.
skylle, to dash.
skynde sig, to hasten; skynde sig forbi, hasten by; skynde frem, to hurry on.
Skytte, marksman.
slaa, (slog, slagen,) to strike, smite, beat; 2,=præge, to stamp; slaa Leir, go into camp; slaa ned, strike down; s. sig til, to join.
slaaes, (sloges,) to fight.
Slag, battle, stroke; Slag =Spor, track; Slag-anfald, apoplectic fit.
Slags, sort, kind.
slet, (adj.) bad, evil, ill; slet ikke, (adv.) not at all.
slikke, to lick.
Slingring, rolling.

slippe, (slap, sluppen,) to let go, let out, slip.
Slot, castle, palace; Slotsforvalter, steward or governor of a palace.
slutte, to conclude; 2, to form; slutte sammen, to close together.
slynge sig, to wind, to sling; Slynge, sling.
Slægt, generation; Slægtning, relation.
smaa, small; Smaadal, petty vale; Smaakonge, petty king; Smaakopper, small pox; Smaaskude, small vessel.
Smag, taste.
smelde, (smaldt,) to crack.
Smelte-hytte, smelting house.
smertelig, painful.
smile, to smile.
smyge, to slink.
Smykke, ornament.
Smör, butter.
snakke, to talk.
snar, quick; snarlig=snart, soon.
Sne, snow; S-bꜹk, snow-rivulet; S-flage, s-flake; S-fond, s-drift, hill of snow;

S-spurv, s-bird.
Snekke=Skib, ship.
Snes, score.
Sogne-præst, pastor.
Soldat, soldier, private.
Sol, sun; S-nedgang, sunset; S-opgang, sunrise; S-skin, s-shine, S-straale, s-beam.
som, (conj.) as.
som, (pron. rel.) who, which.
somme, some.
Sommer, summer; S-kvæld, s-evening.
somoftest, most frequently.
Sondring, separation.
sortladen, swarthy, dusky, dark.
sove, to sleep.
spaa, to bode, augur, predict.
Spaltning, division.
sparke, to kick.
speide, to spy.
Speil, mirror; 2, =Agterspeil, stern.
speile sig, be reflected.
Spids, point; spids, pointed, sharp; spids-snudet, with pointed nose.
Spil, pleasure, music.

Spor, trace.
spotte, to mock.
sprede, to scatter.
Springflod, spring-tide.
Sprog, language; *Sprogmester*, master of languages.
Sprække, fissure.
Spyd, spear; *Spyd-skaft*, shaft of a spear.
spænde, to clasp; 2, stretch, strain; *s. Opmærksomheden*, to engross the attention; *med spændt Opmærksomhed*, intently.
spændstig, elastic.
spörge, (*spurgte*,) to ask; *spörge det*, get wind of it.
staa, (*stod*,) to stand.
Staal, steel.
Stab, staff.
Stad, town.
Stade=*Sted*.
stadig, steady, constantly.
Stakkel, poor man, wretch.
stakket, short.
Stamme, stem; 2, tribe, family, race.
Stand, 1, state, rank, position; 2, trade; 3, profession, calling; *paa Stand*, directly.
stande=*staa*.
Standpunkt, standpoint.
standse, to stop, check, discontinue; *s. Fiendtligheder*, to conclude an armistice.
stange, to butt.
Stat-holder, governor.
Stats-mand, statesman; *statsmandsmæssig*, statesmanlike.
Sted, place; *Stedforhold*, local relation; *Sted-broder*, step-brother.
stedse, constantly.
steil, steep.
steile, to rear.
Stemme, voice; *stemme op*, to strike up.
Stemning, mood.
Sten, stone; *s-besat*, ornamented with precious stones; *S-brokke*, rock; *S-hytte*, hut of stones; *S-ur*, rocky ravine.
Sti, pathway.
Stift, diocese.
stifte, to found, establish; 2, to make, form, *Stiftelse*, institution.

stige, (steg,) to rise; s. tilhest, to mount the horse; stige=nedstige, descend; Stigning, elevation, increase of altitude.
stikke, (stak, stukken,) to sting, stab, stitch; stikke Ild i, set fire to.
Stikken, lade i S., to leave in the lurch.
Stil, style.
Stilk, stalk.
stille, (adj.) quiet; stille Hav, the Pacific.
stille, (verb,) to place; Stilling, situation, position.
stirre, to stare.
Stof, theme.
Stok, stock, log; 2, cane.
Stol, chair.
Stoll, tunnel.
Stolpe, post.
stolt, proud; Stolthed, pride.
stor, great, large, big; storartet, grand; Stormand, magnate.
Storm, storm, tempest; storme, to rush.
Straa, straw.
Straale-glands, glory.

Straf, punishment.
Strand, strand, shore, beach.
strax, directly.
streife om, to saunter.
streng, strict, severe.
Stribe, stripe, bar.
Strid, strife; stride, (stred,) to fight, quarrel, combat, militate; Strids-skrift, polemical pamphlet.
Strimmel, strip.
Strube, throat.
stryge, (strög,) to stroke; st. om paa Havet, to sweep the seas.
Stryk, rapids.
stræbe, to endeavor, strive.
strække sig, (strakte sig,) to extend.
strö, to strew.
Strög, part, tract, region.
strömlös, with no current.
strömme, to stream.
studere, to study; Studering, studying.
Stue, room.
Stund, time; en Stund, a while.
stundom, sometimes.
Stykke, portion, piece.

styre, to rule.
styrke, to strengthén; *Styrke*, strength.
styrte, 1, to tumble; 2, precipitate; 3, overturn; *styrte sig indi*, to rush into; *styrte om=s. overende*, tumble down; *Styrtesö*, topping sea, overtopping wave.
stærk, strong; *stærklæmmet*, with strong limbs.
stavne ud, to stand out, to head.
Stævne, rendezvouz.
Stöd, push; *stöde*, to push, thrust; *stöde paa En*, fall in with one; *stöde paa Grund*, (*N. T.*) to run aground, strike.
Störrelse, greatness, size; *Störstedelen*, most.
stötte, to lean; *s. mod Jorden*, to set against the ground; *s. sig til*, to lean against; *Stötte*, statue, monument, column.
Stöv-regn, drizzling rain.
Suk, sigh; *sukke*, to sigh.
sund, sound, healthy.
Sund, sound.
surre, to secure, lash.

Sus, howling; *suse*, to whistle.
svag, weak, faint.
svaie, to swing.
sval, cool.
svanger, big.
svar=svær, heavy.
Svar, answer, reply; *svare*, to answer.
svart=sort, black.
Svensk, Swedish.
svinde, (*svandt, svunden,*) to pass, vanish, be wasted.
svinge, (*svang, svungen,*) to swing; *svinge sig op*, to rise.
Svoger, brother-in-law.
svakke, to weaken.
svær, heavy.
Sværd, sword.
sværge, (*svor,*) to swear.
Sværm, swarm; *sværme*, to swarm, rove.
svæve, to float; *svævende*, vague; *svæve ud*, to glide out.
Syd, south; *sydlig*, southern; *Syd-himlen*, the southern sky; *sydvestlig*, southwestern; *sydöstlig*, southeastern.
syg, sick; *Sygdom*, sickness.

Syn, vision, revelation, 2, sight, view; *synlig*, visible; *Syns-vidde*, range of sight.
Synd, sin.
synderlig, particular; *Synderlighed*, peculiarity.
synes, to appear, to seem.
synge, (*sang*, *sungen*,) to sing.
synke, (*sank*, *sunken*,) to sink.
Syssel, occupation; *syssel-sætte*, to occupy.
syv, seven; *syvaarig*, lasting for seven years.
sædvanlig, usual.
sælge, (*solgte*,) to sell.
sælsom, singular.
sænke, to sink.
særdeles, particularly; *sær-egen*, particular, special, peculiar; *Særegenhed*, peculiarity; *særlig* especially.
sæt, suppose.
Sæter, hut for the herdsman; *Sæter-kreds*, region of the sæters.
sætte, (*sat*,) to set, place, put; *sætte efter*, set out in pursuit of; *sætte hen*, set down; *sætte sig ind i*, make one's self familiar with.
Sö, sea, lake; *Sö-helt*, naval hero; *Sö-röveri*, piracy; *Sö-styrtning*, topping or tumbling of the sea.
söd, sweet.
söderpaa, southwards.
söge, to seek.
sölle Stakkel, poor creature.
Sölv, silver; *S-hjelm*, silver helmet; *S-klump*; lump of silver; *S-mine*, silver-mine.
söndersplitte, to split asunder.
Sönnesön, grandson.
sörge, to mourn; *sörgelig*, sad; *sörgmodelig = sörgmodig*, sorrowful; *Sörgespil*, tragedy.
Söster, sister.

T

Taage, mist, fog.
taale, to endure; *taalmodig*, patient.
Taare, tear.

tabe, to lose ; *tabe sig*, to decline.
Tag, roof.
tage, (*tog*,) to take ; *tage paa*, begin ; *tage ud*, start out ; *tage sig vare for*, to heed.
takt = tækket, thatched, roofed.
takke, to thank.
Tal, number ; *talrig*, numerous.
Tale, speech ; *tale*, to talk, speak.
tam, tame.
Tand, tooth.
Tange, tongue, projecting part.
Tanke, thought, idea ; *tankefuld*, thoughtful.
tapper, gallant ; *Tapperhed*, valor.
taus, silent.
Tegn, sign, token.
tegne, to draw.
Telt, tent.
temmelig, tolerably, pretty.
Teppe, carpet.
testamentere, to bequeathe.
thi, for.
Thing, assembly.

Tid, time ; *i Tidens Löb*, in the course of time ; *tidlig*, early ; *de tidligere*, preceding ; *Tids-alder*, age ; *Tids-rum*, period ; *tidt*, often.
tie, (*taug*,) to be silent.
tigge, to beg.
til, to.
tilbage, back ; *Tilbagekomst*, return ; *Tilbagevei*, way back ; *tilbagevende*, to return.
tilbedste, to the benefit.
tilbringe, (*tilbragte*,) to spend.
Tilbud, proffer, offer ; *tilbyde*, (*tilböd*,) to offer.
tildels, partly.
Tildragelse, event.
Tilegnelse, dedication.
tilforn, before.
tilfreds, satisfied.
Tilfælde, accident, case.
tilföie, to add.
tilgrunde, down.
tilhaande, (*gaa t-*,) to assist.
tilhobe, together.
Tilhold, place of resort.
tilhöre, belong to.

tilkomme, be due to.
tillaans, (*faae t-*,) to borrow.
tillade, (*tillod*,) to allow.
tillige, also, too; *tilligemed*, together with.
tilmode, in a mood.
Tilnavn, surname.
tilsammen, together; *tilsammentagen*, taken together.
tilside, aside.
tilsidst, at last.
tilskue, to behold; *Tilskuer*, spectator.
Tilstand, state, condition.
tilstrækkelig, sufficient.
Tilströmning, flush.
Tilsyn, superintendence.
tilsyne, in sight.
tilsös, to sea
tiltakke, *tage t.*, to put up with.
tiltale, to accost, address; *tiltalt af*, interested in.
tiltræde, (*tiltraadte*,) to enter upon; *t. en Reise*, set out upon a journey.
tilveirs, aloft.
tilægte, in marriage.
Time, hour.
Tind, summit.

Ting, thing.
Titel, title.
tjene, to serve; *Tjeneste*, service; *tjenlig*, useful.
Tog, expedition.
Tone, tune; *tone*, to sound.
Top, peak, summit.
Torden, thunder; *tordne*, to thunder.
Toug, rope; *Toug-værk*. cordage.
Traad, thread.
Tram, terrace.
trang, narrow, strait; *trange Kaar*, straitened circumstances; *Trang*, want.
Trediedel, one third.
trefarvet, tricolored.
trille, to roll, ripple.
Trin, step, stage; *trine*, (*tren*,) to step.
trist, melancholy.
trives, be thriving.
tro, (*verb.*) to think, to mean, believe; *Tro*, faith; *trolig*, truly, faithfully; *Troskab*, fidelity.
trods, in spite of; *trodse*, to defy.
Trold, witch, goblin, sorceress.
Tromme-stikke, drumstick.

Trop, troop.
true, to threaten.
tryg, safe, sure.
trykke, to press; *trykke lös*, to shoot.
Træ, tree.
træde, (*traadte*,) to tread; *træde op*, to step up; *træde frem for*, present one's self to.
Trædskhed, craftiness.
træffe, (*traf*, *truffen*,) to hit; 2, meet.
træg, slow.
Træk, *i T.*, in succession.
trække, (*trak*, *trukken*,) to draw, pull; *trække sig ud af*, retreat from.
Træl, thrall, slave, serf.
trænge, to press, force; *trænge gjennem*, to penetrate; *trænge ind*, to enter, to force into; *trænge til*, to want, to need; *trænge sig frem*, to press forward.
Træthed, fatigue.
Tröst, consolation; *tröste*, to console; *tröstlös*=*trösteslös*, inconsolable.
tumle, to tumble.

tung, heavy.
Tunge, tongue; *T-maal*, tongue, language.
turde, may; *det turde hænde*, it may happen.
Tvang, restraint.
tvende=*to*, two.
Tverdal, transverse valley.
tversover, across.
Tvilling-Land, twin-land, (Norway and Denmark.)
tvinge, (*tvang*, *tvungen*,) to compel, subdue.
tydelig, distinct; *med Tydelighed*, distinctly.
tydsk, German; *Tydskland*, Germany.
tye, to seek refuge.
tyk, thick, dense.
Tykke, will; *Enkeltmands Tykke*, individual will; *det tykkes mig*, it seems to me.
tynd, thin.
Tyngsel, burden.
tyte, to ooze forth.
tælle, to number.
tænde, to light.
tænke, to think; *Tænkemaade*, way of thinking.
tæt, tight, dense; *tæt under*, close to.

Tömme, rein, bridle.
Tönde, cask, barrel.
tör, (turde,) dare.
tör, (adj.) dry.

U

uadskillelig, inseparable.
uafbrudt, incessant.
uafhængig, independent.
uagtet, notwitstanding.
ubeboet, uninhabited.
ubemærket, unperceived, unnoticed.
uberegnelig, incalculable.
ubestigelig, unaccessible.
ubetydelig, insignificant.
ubændig unmanageable.
ud, out.
udarbeide, to compose; Udarbeidelse, composition.
udbrede, to extend, spread, propagate.
udbryde, (udbröd,) to exclaim.
uddanne, to educate; Uddannelse, education.
udelukkende, exclusive.
uden, without; udenfor, outside of.
udenlands, abroad; Udenlandsreise, journey abroad

udenlandsk, foreign; Udlandet, foreign countries.
udfinde, (udfandt, udfunden,) to find out.
Udflugt, excursion.
udflyde, (udflöd,) to flow, be spilt.
udföre, to perform.
udgaa, (udgik,) to issue, go out, come out.
udgive, (udgav,) to give out, publish, edit; udgive en Lov, make a law.
udgjöre,(udgjorde,) to constitute, amount to.
udholde, to stand.
Udkant, outskirt.
udkaste, to cast out.
udkomme, to come out.
Udlöb, outlet.
udmærke sig, to distinguish one's self; udmærket, distinguished, conspicuous, excellent; Udmærkelse, distinction.
udnævne, to appoint.
udpræget, marked.
Udraab, exclamation.
udrette, to perform.
udruste, to equip.
Udseende, appearance.

Udsigt, prospect, view.
udskaaren, carved.
udslette, to blot out.
udslibe, (*udsleb,*) to grind out.
udspeide, to spy out.
udstrakt, extensive; *udstrække,* (*udstrakte,*) to extend; *Udstrækning,* extension.
udstöde Luften, to thrust out the air; *u. et Skrig,* to utter a shriek.
udsætte, (*udsatte,*) to blame, find fault with.
udtale, to speak out.
Udtryk, expression.
udtvære, to spin out.
udtænke, to devise.
Udvei, way, means; *gjöre U. til,* to procure means.
udvide, to widen, expand; *Udvidelse,* expansion.
udvikle, to develop; *Udvikling,* development.
udvælge, (*udvalgte,*) to choose.
udöbt, unbaptized.
uendelig, unending, infinite.
uforgrenet, unramified.
uforklarlig, unaccountable.

uformuende, without fortune.
uforsagt, undaunted.
ufuldfört, unfinished.
Udgift, expense.
ugift, unmarried.
Ugjernings-mand, perpetrator of an outrage.
Ugreie, derangement.
uhyre, tremendous.
ujevn, uneven.
Ulykke, misfortune, disaster.
umærkelig, imperceptible.
unde, to allow, grant.
Under, wonder; *underlig,* wonderful, strange; *Undren,* astonishment, wonder.
underjordisk, subterranean.
underkaste, to subdue; *Underkastelse,* submission.
underlægge sig, (*underlagde sig,*) to subdue.
underrette, to inform; *Underretning,* information.
understötte, to assist.
undersöge, to investigate; *Undersögelse,* exploration, investigation.

undervise, to teach; Undervisning, instruction.
Undskyldning, excuse.
undtagen, except.
ung, young; Ungdom, youth; Ungdoms-blod, youthful blood.
Ur, a rocky ravine.
urokkelig, unshaken.
urolig, turbulent.
Urtid, ancient time; Urverden, ancient world.
usikker, indistinct.
uskyldig, innocent; Uskyldighed, innocence.
usleben, unrefined.
ussel, wretched.
ustraffet, unpunished.
utaalmodig, impatient.
utidig, untimely.
utilfreds, discontent; Utilfredshed dissatisfaction.
utro, unfaithful.
utæmmet, untamed.
uvarlig, unwary.
Uveir, hard weather; rough weather.
Uven, enemy.
uventet, unexpected.
uvilkaarlig, involuntary.
uövet, unpracticed.

V

Vaaben, weapon; 2, escutcheon; Vaaben-ære, military renown.
vaad, wet.
vaagne, to awake.
Vaande, peril.
Vaar, spring; youthful age.
vaer, aware; vaersom or varsom, cautious.
Vagt-mand, watchman.
vak, awake.
Val = Val-plads, battlefield.
Vand, water; V-fald, water-fall; V-masse, sheet of water; V-krusning, ripple; V-Löb, waters; V-stribe, streak of water.
vandre, to wander; Vandrer, wanderer; Vandring, wandering.
vanke, der vanked, there he was treated to.
vanskelig, difficult; Vanskelighed, difficulty.
vant = tilvant, usual.
Vanter paa et Skib, shrouds.
Varde, beacon.
vare, to endure.

vare = *advare*, to warn; *varsle*, to warn; *varsom*, see *vaersom*.
Vasdrag, waters.
ve, woe.
ved, by, at.
vederkvæge, to refresh.
Vederlag, requital.
vedtage, (*vedtog*,) to adopt.
vedvare, to continue.
Vegne, *paa Ens V.*, in behalf of one.
Vei, way; *Vei-viser*, guide.
Veir = *Veirlag*, weather, wind; *veire*, to air.
vel, indeed, well.
Velbehag, delight.
velsignet, blessed.
Velynder, favorer, patron.
vemodig, sad.
Ven, friend; *venlig*, friendly; *Venskab*, friendship.
vende, to turn; *v- tilbage*, to return.
venstre, left.
vente, to wait, expect.
Verden, world; *verdensberömt*, far-famed; *verdslig*, worldly, secular.
Verk, work.
Vesir, vizor.

vestlig, western; *vestover*, westward; *Vest-kyst*, western coast.
vexle, to change; *Vexel-Generation*, change of generation, meta-genesis.
Vid = *Vittighed*, wit.
vid, wide; *vidt-opspilet*, wide-opened; *vidtforgrenet*, widely ramified.
vide, (*Pres. veed*, *vidste*,) to know; *Videnskab*, science; *videnskabelig*,, scientific.
videre, further.
Vidje, willow.
Vidne, witness; *vidne*, to witness; *v. om*, to give evidence of.
vie, to ordain, consecrate.
vige, (*veg*,) to give way.
vigtig, important.
Vik = *Vig*, gulf, bay.
vikle, to wrap.
vild, wild; *Vildhed*, wildness, savageness.
ville, (*vilde*,) to will, would; *Villie*, will; *villig*, willing.
vinde, (*vandt*,) to win; *vindende Væsen*, winning manners.

Vindeltrappe, winding stairway.
Vindu, window.
virke, to work; *virke paa*= *indvirke paa*, to influence; *Virkning*, effect; *virksom*, active; *Virksomhed*, activity.
virkelig, real; *virkelig Professorat*, ordinary professorship; *Virkelighed*, reality.
vis, certain; *visselig*, *vistnok*, certainly.
Vis, manner.
vise, to show, exhibit, display; *vise sig*, to appear.
vitterlig, generally known.
Vittighed, wit; *Vittighedsværk*, work of a wit.
voge=*vove*, to dare.
Vogn, carriage.
Vold, power; 2, violence; 3, wall, rampart; *give sig i V.*, commend one's self to; *voldsom*, violent.
vor, our.
vorde, to become.
vove or *vove sig*, to venture, risk.

Vove, wave.
voxe, to grow; *voxen*, adult.
Vraal, bawl, roar, wail.
Vrag, wreck.
vrimle, to swarm.
væde, to wet, bedew.
Væg, wall.
vægre sig, to refuse.
vække, to awake.
Vælde, power; *vældig*, big, mighty.
vælge, (*valgte*,) to choose, elect.
vælte, to roll.
værd, worth; *værdifuld*; valuable; *Værdighed*, dignity.
Værge, sword, weapon; *værge*, to defend.
Værk=*Verk*.
værst, (*superl.* of *ilde*,) worst.
Væsen, 1, being, 2, affairs; 3, nature; 4, manners, address; *væsentlig*, principally.
Væv, web.
Væxt, growth, stature.

Y

yde, to yield.
yderst, outmost, utmost, extreme, extremely.
ydmyg, humble.
Ydun, a goddess of youth.
ymse, (vulg.) doubtful.
Ynde, grace; ynde, to be fond of; yndet, popular, favored.
Yngling, youth; yngst, (superl. of ung,) youngest.
ynkelig, miserable.

Æ

æde, (aad,) to eat.
Ædelsten, precious stone.
Æg, egg.
ægte, (adj.) genuine.
ægte, (verb.) to marry; Ægteskab, marriage; tilægte, in marriage.
ældre, (comp. of gammel,) older; ældgammel, very ancient.
Æmne=Emne.
ændre, to alter.
ængste, to frighten.
Ære, honor, glory; holde i Ære, to hold in estimation; Ærekjærhed, ambition.
ærlig, honest.
Æt=Stamme, tribe, family.
Ætling=Efterkommer, descendant.

Ö

Ö, island.
öde, desolate; ödelægge, (ödelagde,) to destroy, ruin.
Öie, eye; faae Öie paa, to catch sight of; öine, to descry.
Öieblik, moment; öieblikkelig, immediately.
öm, tender.
önske, to wish; Önske, wish.
Öre, ear.
Örken, desert.
öse af, to draw from.
Öst, east; östlig, eastern; österpaa, on the eastern side.
öve, to practice, excercise.
överst, uppermost; övre, upper.
övrige, remaining.
Öxe, ax; Öxe-brug, use of ax.

REMARKS ON THE HISTORY OF THE NORWEGIAN-DANISH LANGUAGE.

The language, of which I have treated in the Grammar and given specimens in the Reader, I have called the *Norwegian-Danish*, while Danish authors have called the same the *Danish-Norwegian*, (see M. Hammerich's "Danske og Norske Læsestykker," Copenhagen 1870, p. 115). This language is at present the *written* language common to Denmark and Norway, and the *spoken* language common to the cultivated classes in both countries. This community of language between the two countries is, however, not very old; it does not go further back than to the time of the Lutheran Reformation in Norway, about A. D. 1536. Before that time Norway had a written language of its own well developed, namely the *Norrøna* or *Norse*. This language had a rich and excellent literature, a part of which first came into existence in Iceland. This island was peopled from Norway after the year 872, when the Norwegian king, Harald the Fairhaired, had subdued the petty kings and gathered the different parts of Norway into one kingdom. Multitudes of the Norwegians then took refuge in Iceland, where their descendants recorded the achievements of their ancestors, and thus became historians and poets. The language, in which they wrote, has been called both the Norse and the Icelandic, and of this Purchas in his "Pilgrims" Vol. iii, p. 658 speaks thus:

"Concerning the language of the Icelanders, the matter itself speaketh, that it is the Norwegian; I say, that old speech which only the Icelanders now use uncorrupted, and therefore *we* call it Icelandic."

Important works in said language are: 1, The *Elder Edda*, containing poems on subjects connected with the Northern Mythology, collected and written by Sæmund about 1090; 2, The *Younger Edda*, containing in prose form more Northern Mythology, written by Snorre Sturlason about 1210; 3, The *Heimskringla*, containing the Sagas or Chronicles of the Norwegian kings, written by the same Snorre about 1230.* These works were written in Iceland, which constituted a part of the kingdom of Norway from 1262 to 1814. Besides them, Sagas, laws and other works (as " Kongespeilet,") were written in Norway, all in the Norse language. Many of these old writings were destroyed in the overthrow of the convents, at the introduction of the Lutheran Reformation. Many, however, have been preserved, and been published in this century.

After Norway had become united with Denmark by the so-called Calmar-Union in 1397, the Danish written language was more and more adopted by the higher classes of the Norwegians, until it in the middle of the sixteenth century was adopted as the written language of the country. The great mass of the people, however, retained their old language, so that the Danish written language never came to live on the tongue of the country-people.

---

* Contemporaneous with Snorre was Saxo Grammaticus in Denmark, who wrote the Sagas of the Danish kings in *Latin*, while Snorre wrote in *Norse*.

The Danish language, thus adopted by the higher classes of the Norwegians, became considerably developed by several literary Norwegians, especially by L. Holberg, (1710—1750). He is to Denmark and Norway what Molière is to France; he gave the Danish-Norwegian literature a new start, and became a remarkably popular writer.

Another celebrated Norwegian poet at that time was C. B. Tullin, (about 1755,) who also contributed to the development of the now common language. A powerful influence on the language was still further exerted by literary Norwegians, when they established in Copenhagen, about 1774, a literary club, called the *Norwegian* Society, which existed at the side of, and sometimes in opposition to a *Danish* literary society at the same place. From this Norwegian society, animated by a liberal spirit, many gifted literary men emanated, such as J. H. Wessel, N. Brun, O. G. Meyer. N. Treschow, C. and P. H. Frimann, S. Monrad, J. Vibe, C. Fasting, Rein, Zetlitz, Colbjörnsen. Other Norwegian names, eminent at that time in the history of the language, were Dass, Storm, Schöning. All these men continued to develop the language and to add new material and bring new growth into it, especially by their poetical descriptions of the grand natural scenery of Norway, or of the life of its people in the valleys and at the coast and on the sea. Thus the present written language of Norway became a product of the agency of *Norwegian* writers as well as of Danish, and therefore it cannot justly be called Danish, as we find it designated by various American authors, but must be called the Danish-Norwegian or Norwegian-Danish.

After 1814, when Norway became separated from Denmark, the literature divided itself into a Danish and a Norwegian, each of which developed its own characteristics. Many Norwegian writers, such as Wergeland, L. K. Daa, Welhaven, Keyser, P. A. Munch, Asbjörnsen, Moe, Sundt, Björnson, Ibsen, J. Lie and others have adopted in their writings many words from the language of the country-people, or we may say, words of the ancient mother tongue, so that we may now amongst them that write in the Norwegian-Danish language, speak of a special Norwegian School or Norwegian Style. The same development has lately taken place in Denmark, where many writers now have adopted words from the language of the Danish country-people, and thereby formed a special Danish School.

Since 1836 many Norwegians have striven to restore a written language peculiar to Norway, a language more similar to the old Norse, a Norwegian normal language, or national language, which should be a bond of unity for the people, in contradistinction to the various dialects in the various parts of Norway.

The main object of this striving, called "Maalstræv," is not to crowd out the present written language, which has a prescriptive right, 300 years old, and a rich literature, but to apply the spoken language of the country-people to the service of the written language, and transfer to this a treasure of native expressions, while the foreign words and forms will be done away with, thereby giving the style more power and simplicity, and a more native Norwegian plainness and pointedness.

The most remarkable fruits of the "Maalstræv" have

appeared in the works of *Ivar Aasen* and *A. O. Vinje* and *Chrf. Janson*. By their writings it appears, that a multitude of words in the language of the Norwegian country-people is yet the very same as in the time of the Sagas, and that the old Norse still lives on the tongue of the people in the mountain-valleys, so that the modification, to which the Norse has been subjected in Norway during the last 300 years, is less than that to which the Anglo-Saxon has been subjected in England, or the Latin in Italy.

NOTES ON THE AUTHORS, FROM WHOM SELECTIONS HAVE BEEN MADE.

ANDERSEN, H. C., born 1805 in Odense, Denmark, a fertile writer, celebrated for his stories and tales, which have been translated into various languages, and are known also in America. His humor and wit make his writings very attractive.

ASBJÖRNSEN, P. C., born 1812, in Christiania, Norway, is forest-master; he has written a "Zoölogy for Youth," and collected "Norwegian Stories of the People," and "Norwegian Tales of the Fairy." He is principally known by his lively descriptions of Norwegian landscapes and country-people.

BJÖRNSON, B., born 1832 in Österdalen, Norway, at present one of the most prominent poets of Norway. He has written many interesting novels, dramas and poems, full of freshness and deep feeling. Some of his novels have been translated into English, and found their way to America.

BLICHER, S. S., born 1782, in Jutland, Denmark, died 1848 as a pastor there. He has by his many novels given faithful and interesting pictures of the country-people in Jutland.

DAA, L. K., born 1809 in the northern part of Norway, professor of history in the University of Norway. He is a learned and very productive writer upon historical, geographical, political and linguistic subjects.

EWALD, J., born in Copenhagen 1743, and died there 1781; one of the most gifted lyric poets. His songs are written with remarkable vigor and beauty.

GRUNDTVIG, N. F. S., born in Zealand, Denmark, 1783, is still a pastor and titular bishop in Copenhagen. He has spent some time in England, and has written a multitude of works, treating of theology, mythology, history, poetry and politics; has also been a member of the Danish Legislature, and exerted a very great influence among the Danes.

HAMMERICH, F., born in Copenhagen, Denmark, 1809, professor of Church History in the University there. He has traveled abroad and has written lively sketches of his travels; has also written interesting " Pictures from Denmark's History," and a " History of the Christian Church."

HAMMERICH, M. (brother of the above mentioned), born in Copenhagen 1811, professor and principal of a high school there. He has written various philological works, especially with reference to the Danish schools and the instruction in Danish literature.

NOTES ON THE AUTHORS. 199

MOE, J., born in Ringerige, Norway, 1813, is pastor near Christiania, the capital of Norway. He has edited "Norwegian Songs" and "Norwegian Tales," and has written several good lyric poems.

MUNCH. A., born 1811, in Christianssand, Norway (where his father was bishop). He is professor of Esthetics in the University of Norway. He is renowned as a lyric and dramatic poet, full of pure, deep feeling, graceful and touching.

MUNCH, P. A., born in Christiania 1810, died in Rome, 1863. He was professor of history in the University of Norway, and has written a multitude of works upon Norwegian history, geography and language, and has also drawn a map of Norway. An accomplished scholar of great learning and industry, an eminent author and a thorough searcher of the history of Norway. As such he investigated the archives in Scotland and Normandy, and in the Vatican at Rome.

OEHLENSCHLÆGER, A. G., born in Copenhagen 1779. died 1850, one of the greatest poets Denmark ever had. His biography is given in this book.

PETERSON, C. J. P., the author of this book, born in Christianssand, Norway, 1825, was principal of a school and minister in Norway; since 1861 he is pastor in Chicago, and is member of the Chicago Academy of Sciences, and professor of Scandinavian literature in Dyrenfurths Commercial College He has written dissertations upon theological subjects and contributed various articles to Chicago papers.

PETERSEN, S., professor in the Gymnasium of Christiania, Norway, has written for the schools various popular sketches of the history of Norway.

SCHOYEN, D. M., born in Christiania, Norway, 1837, a Norwegian lawyer. He has written on political economy, and an essay entitled "Christopher Columbus, and the Discovery of America by the ancient Northmen."

SCHWACH, C. N., born in Ringsager, Norway, 1793, died 1860. He was a County Judge, and has written various patriotic poems.

STOCKFLETH, N. V., born in Fredrikstad, Norway, 1787, died 1866. He was first lieutenant in the Danish service, and fought in the war of 1813. Afterwards he was for twenty-seven years a successful missionary among the Laps and Fins in the most northern regions of Norway, studied their language and translated various books into the same.

STORM, E., born in Gudbrandsdalen, Norway, 1749, was principal of a high school in Copenhagen, where he died 1794. He is known chiefly as a lyric poet. In his ballads he has caught much of the spirit of ancient song.

TAYLOR, BAYARD, an American author and traveler, born in Pennsylvania, 1825. In 1844 he published a volume of poems and departed on a European tour, of which he in 1846 published an account on his return to

America. In 1849 he commenced a series of extensive foreign tours, the narratives of which have been gathered into volumes of travels. In 1854 he published his "Journey to Central Africa and Land of the Saracens," followed by "Visit to India, China, Loo-choo and Japan in 1853." His subsequent travels are indicated by the titles of the volumes recording them: "Northern travel: Summer and Winter Pictures of Sweden, Denmark and Lapland," "Travels in Greece and Russia, with an Excursion to Crete." In connection with his travels he has also produced, "At Home and Abroad: a Sketch-Book of Life, Scenery and Men," and has edited a "Cyclopœdia of Modern Travel" and a volume of poems entitled "The Poet's Journal."

THORTSEN, C. A., principal of a high school at Ribe, Denmark, has written a "History of the Danish Literature until 1814."

VIBE, A., born in Christiania, Norway, died there as major of the Engineer Corps and chief of the topographical survey of Norway. He has written in prose and poetry, is characterized by wit and humor, and has distinguished himself by writing geographical essays and contributing interesting descriptions of Norwegian scenery.

WELHAVEN, J. S. C., born in Bergen, Norway, 1807, professor of philosophy in the University of Norway. He is an attractive, elegant writer, and has written many poems, elaborate and classical in form and language, and interesting "Pictures from the Coast of Bergen."

WERGELAND, H. A., born in Christianssand, Norway, 1808, died in Christiania 1845, as Archivarius of the State. He was a zealous advocate of political and religious liberty, a great poet, full of energy and power, and a very productive and popular author.

WOLF, S. O., born 1796, at Throndhjem, Norway, died 1858. He was a pastor, and has written some popular patriotic songs.

www.ingramcontent.com/pod-product-compliance
Lightning Source LLC
Chambersburg PA
CBHW020918230426
43666CB00008B/1482